처음이라도

최신 기출반영 기본서로
듀오링고 시험
완전정복!

최신 기출 100% 반영
개정되자마자 업데이트!
최신 기출 내용 반영된
도서와 강의, 학습자료

생소한 시험이 한눈에
이론, 문제 연습,
어휘 정리까지
단 한 권으로 끝!

모든 문제유형 완벽정리
공식 가이드에서 명시한
모든 문제유형 분석!
점수별 공략법 제시

전문 강사의 저자 직강
유학시험 전문 강사의
족집게 강의로 확실하게
목표 점수 획득

시원스쿨 듀오링고

학습자료
200% 활용법

실시간 업데이트되는 최신 자료로 듀오링고 단번에 합격!

듀오링고 대표 커뮤니티

FREE

듀오링고 무료문제, 공부법, 동영상 강의 제공!
시험 후기 공유하고 스터디로 함께 공부해요

듀오링고 전문 유튜브 채널

FREE

듀오링고 시험의 **모든 질문 유형**을 알려드립니다.
시험 공략법과 모의 테스트 연습, Q&A까지!

사이트 온라인 학습 자료

FREE

시원스쿨랩(http://lab.siwonschool.com) 접속 ▶
교재/MP3 탭 클릭 ▶ 해당 과목 또는 교재 클릭 ▶
도서 이미지 클릭 ▶ **MP3/부가자료** 확인하세요.

시원스쿨 듀오링고

duolingo
english test

시원스쿨어학연구소·제니 지음

시원스쿨 **LAB**

시원스쿨 듀오링고
Duolingo English Test (DET)

초판 1쇄 발행 2022년 2월 28일
개정 3판 1쇄 발행 2024년 5월 17일

지은이 시원스쿨어학연구소·제니
펴낸곳 (주)에스제이더블유인터내셔널
펴낸이 양홍걸 이시원

홈페이지 www.siwonschool.com
주소 서울시 영등포구 영신로 166 시원스쿨
교재 구입 문의 02)2014-8151
고객센터 02)6409-0878

ISBN 979-11-6150-613-5 13740
Number 1-110505-12120400-06

머리말

Hi, guys!

여러분의 Duolingo Guide 제니 강사입니다!

이 책의 독자분들은 유학을 가고 싶거나 영어를 더 도전적으로 배우고 싶은 분들일 거예요. 그런 분들께 도움이 되고자 이 책을 쓰게 되었습니다.

저는 어렸을 때부터 유학생활을 하며 TOEFL, IELTS를 포함한 다양한 영어능력시험을 공부해왔고 그 덕에 대형 어학원에서 다양한 강의도 할 수 있었습니다. 강의를 하며 항상 생각했던 부분은 '어떻게 하면 아직 영어가 유창하지 않은 학생들이 더 흥미를 갖고 한 번 배운 것은 잊지 않는 영어공부를 할 수 있을까'였습니다. 그러던 중 Duolingo English Test(DET)라는 시험을 발견하였고, 이 시험은 제가 고민하던 모든 부분을 담고 있다고 느끼게 되어 시원스쿨LAB과 함께 연구하게 되었습니다.

DET라는 시험을 통해, 그리고 이 책을 통해 많은 학생들이 성공적으로 유학의 길을 가고 그분들의 미래에 큰 디딤돌이 될 수 있길 진심으로 바랍니다. 또한, 순수하게 영어공부를 하고자 하는 분들도 이 책을 통해 '진짜 영어'를 배우며 DET가 또는 영어가 정말 매력적이라고 느끼실 거라고 자신합니다.

여러분이 영어와 가까워져 가는 그 길에
조금이라도 도움이 되길 바랍니다.

제니 강사

목차

SECTION: Read and Select

SECTION: Fill in the Blanks

SECTION: Mixed Language Skills

SECTION: Interactive Reading

SECTION: Interactive Listening

음원 / 모의고사

lab.siwonschool.com 접속 ▶ 교재/MP3 탭 클릭 ▶ 해당 도서 검색 ▶ 다운로드

이 책의 구성과 특징

| DET에 대한 모든 것

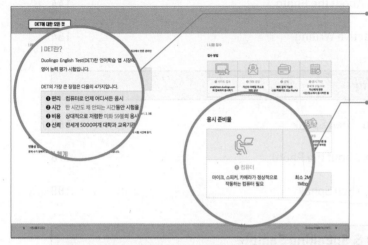

● **시험에 대한 명확한 이해**

듀오링고에서 공개한 DET 공식 가이드 내용을 알기 쉽고 명확하게 설명

● **DET에 대한 A to Z**

시험 방식, 유의사항, 시험 준비 방법까지 시험과 관련된 모든 정보 제공

| DET 문제 유형 완전정복

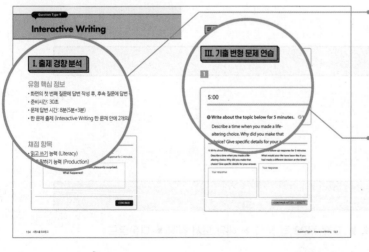

● **14개 문제 유형 완전 해부**

각 문제 유형을 각각의 챕터에서 유형 소개, 진행 순서, 풀이 전략, 출제 포인트, 공부법 꿀팁, 그리고 실전 문제 제공

● **기출 변형 문제 연습**

실제 시험에 출제된 기출 문제를 바탕으로, 시험의 맥을 짚어 주는 기출 변형 문제 제공

| DET 시험과 동일한 구성

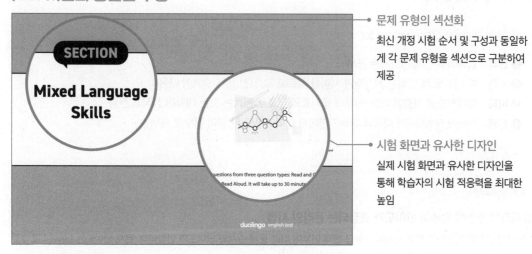

문제 유형의 섹션화

최신 개정 시험 순서 및 구성과 동일하게 각 문제 유형을 섹션으로 구분하여 제공

시험 화면과 유사한 디자인

실제 시험 화면과 유사한 디자인을 통해 학습자의 시험 적응력을 최대한 높임

| DET 기출 어휘

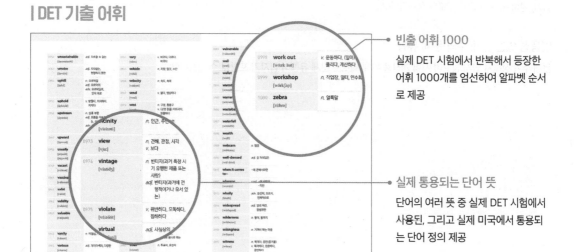

빈출 어휘 1000

실제 DET 시험에서 반복해서 등장한 어휘 1000개를 엄선하여 알파벳 순서로 제공

실제 통용되는 단어 뜻

단어의 여러 뜻 중 실제 DET 시험에서 사용된, 그리고 실제 미국에서 통용되는 단어 정의 제공

| DET란?

Duolingo English Test(DET)란 언어학습 앱 시장에서 세계 최고의 다운로드 수(5억 명)를 기록 중인 듀오링고에서 만든 온라인 영어 능력 평가 시험입니다.

DET의 가장 큰 장점은 다음의 4가지입니다.

> ❶ **편리** 컴퓨터로 언제 어디서든 응시
> ❷ **시간** 한 시간도 채 안되는 시간동안 시험을 치르고 48시간 이내 결과가 나옴
> ❸ **비용** 상대적으로 저렴한 미화 59불의 응시료와 무료로 원하는 모든 대학에 성적표 전송
> ❹ **신뢰** 전세계 5000여개 대학과 교육기관에서 입학에 필요한 영어 점수로 채택

| 시험 체계

응시자의 수준에 맞추어 난이도가 조정되는 온라인 시험

인터넷에 연결된 컴퓨터를 통해 응시자의 정답 선택 여부에 따라 문제 순서와 난이도가 변합니다. 문제 난이도는 Level 1, 2, 3로 구분되는데, 이러한 레벨이 문제에 표시되지는 않습니다.

영역 구분 없는 하나의 시험

다른 시험들이 Listening, Reading, Speaking, Writing으로 구분된 각각의시험을 테스트하는 것과 달리, 하나의 시험 시간에 듣기, 읽기, 말하기, 쓰기 문제가 모두 출제됩니다.

변동성 있는 문제 수와 문제 유형

문제 수가 정해져 있지 않으며 시험 개선을 위해 새로운 문제 유형이 갑자기 포함될 수 있습니다.

| 시험 접수

접수 방법

❶ 사이트 접속	❷ 계정 생성	❸ 결제	❹ 응시 기간
englishtest.duolingo.com 에 접속하여 응시하기	자신의 이메일 주소로 계정 생성	해외 결제 가능한 신용/직불카드 또는 PayPal	결제 후 21일 이내 자신에게 편한 시간/장소에서 응시하면 됨

응시 준비물

❶ 컴퓨터	❷ 인터넷	❸ 신분증
마이크, 스피커, 카메라가 정상적으로 작동하는 컴퓨터 필요	최소 2Mbps 다운로드 속도와 1Mbps 업로드 속도 이상의 인터넷 연결 필요	여권, 주민등록증, 운전면허증 등 정부가 발행하고 사진이 부착된 신분증 원본

| 시험 진행 순서

❶ 약 5분	컴퓨터 카메라, 스피커, 마이크 작동 확인 및 신분증 등록, 시험 규칙 확인
❷ 약 45분	시험 응시
❸ 약 10분	Writing Sample 및 Speaking Sample 응시

유의사항

시험 감독 프로그램과 AI의 도움을 받는 감독관이 각 시험에서 확인할 수 있는 75가지 이상의 다양한 동작 유형을 검사하여 부정행위를 적발합니다.

일반적인 시험 유의 사항은 다음과 같습니다.

① 조용하고 밝은 방 안에 혼자 있기 (방문 닫고 응시)
② 귀와 얼굴은 가리지 말고 잘 보이게 하기
③ 모바일 기기, 노트, 교재 등 외부 자료 사용 금지
④ 시험 중에는 다른 사람과 대화 금지
⑤ 필기구 및 용지 사용 금지 (노트테이킹 불가)
⑥ 화면에서 눈을 떼면 안 됨 (시선 돌리지 않기)
⑦ 어떤 이유로든 시험 창을 닫거나 다른 창으로 이동, 또는 전체 화면에서 나가면 안 됨
⑧ 마우스 커서가 시험 화면 밖으로 나가면 안 됨
⑨ 예측 입력 기능 및 서드파티 웹 카메라 소프트웨어 사용 금지
⑩ 화면 공유 및 원격 접속이 가능한 모니터나 프로그램 사용 금지

시험 점수

일반적으로 영어 능력 평가 시험은 듣기, 읽기, 쓰기, 말하기의 네 영역으로 점수가 나오지만, DET는 이 영역들이 혼합된 다음의 네 영역으로 점수가 채점됩니다.

① Literacy: 읽기 및 쓰기 능력
② Comprehension: 읽기 및 듣기 능력
③ Conversation: 듣기 및 말하기 능력
④ Production: 쓰기 및 말하기 능력

각각의 영역은 160점 만점으로 각 질문의 가중치가 다르며, 종합 점수(Overall Score)는 각 영역 점수의 평균이 아님에 유의합니다. (성적은 2년간 유효)

채점 방식

시험 채점 방식

❶ **컴퓨터 채점** – 각 문제 유형에 대한 컴퓨터 알고리즘에 따라 채점
❷ **감독관 검토** – 여러 명의 시험 감독관이 시험 답변 녹화 화면 검토
❸ **부분 점수 인정** – Read and Complete, Listen and Type 등에서 정답을 일부만 맞혀도 부분 점수 인정

문제 유형별 특이점

섹션 (총 8개)	문제 유형 (총 14개)	채점 방식 및 기준
Read and Select	Read and Select	YES 또는 NO 선택 (객관식)
Fill in the Blanks	Fill in the Blanks	빈칸으로 제출하든 오답을 기입하든 특별한 감점이 없음
Mixed Language Skills	Read and Complete	빈칸으로 제출하든 오답을 기입하든 특별한 감점이 없음
	Read Aloud	적당한 속도로 분명하고 크게 발음하기
	Listen and Type	단어를 아예 안 쓰는 것보다 철자를 틀리는 쪽이 점수가 더 높음
Interactive Reading	Interactive Reading	객관식
Interactive Listening	Interactive Listening	두 가지 세부 영역으로 구분 ① Listen and Respond 유형 – 객관식 ② Summarize the Conversation 유형 – 영작
Writing	Write About the Photo	다음 항목을 기준으로 채점 ① 문법의 정확성과 다양성 ② 어휘 사용의 정확성과 다양성 ③ 질문에 맞는 답변 ④ 시간 내 충분한 분량으로 답변
	Interactive Writing	
Speaking	Listen, Then Speak	다음 항목을 기준으로 채점 ① 문법의 정확성과 다양성 ② 어휘 사용의 정확성과 다양성 ③ 질문에 맞는 답변 ④ 시간 내 충분한 분량으로 답변 ⑤ 발음과 속도
	Speak About the Photo	
	Read, Then Speak	
Writing & Speaking Sample	Writing Sample	Writing 섹션과 동일한 채점 기준
	Speaking Sample	Speaking 섹션과 동일한 채점 기준

DET vs TOEFL vs IELTS

| 시험 비교

현재 유학 시장에서 가장 각광받고 있는 시험인 TOEFL 및 IELTS와 DET를 비교하면 다음과 같습니다.

	DET	TOEFL	IELTS
시험 영역	Literacy Comprehension Conversation Production	Reading Listening Speaking Writing	Listening Reading Writing Speaking
시험 방식	인터넷 연결된 컴퓨터 (응시자 실력에 따라 난이도 조정)	인터넷 연결된 컴퓨터 (난이도 조정 없음)	시험 접수 시 종이 시험 또는 컴퓨터 시험 선택
시험 비용	59 USD	220 USD	245~255 USD
시험 소요시간	약 1시간	약 2시간	약 2시간 45분
점수 체계	10-160 4영역 평균값과 유사하지만 평균은 아님	0-120 4영역 합산	0-9 4영역 평균
시험 결과 통보	48시간 이내	6일 정도	종이: 13일 이내 컴퓨터: 3-5일
단어 난이도	일상 생활에서 접할 수 있는 단어와 대학 에세이 또는 교과에 사용되는 단어 레벨	대학 강의나 논문에 등장하는 학술적인 단어와 전문용어 레벨	대학 강의나 학술지에서 사용되는 학술적 단어 레벨

| DET의 장점

DET는 다른 영어 능력 시험에 비하여 영어의 기본기를 다양하게 다룹니다. 하지만 IELTS나 TOEFL 보다 학술적 어휘나 전문용어가 적게 나오며, 문제도 짧고 간단하게 출제되기에, 다양한 레벨의 학생들이 친근하게 접근할 수 있는 시험입니다.

| 시험별 점수 환산표

시험마다 특성이 다른 만큼 시험 점수를 그대로 환산하기는 어렵지만 대략 다음과 같이 시험 간 점수 환산이 됩니다.

DET	TOEFL	IELTS
10-60	0-23	0-4.0
65-75	24-40	4.5
80-90	41-58	5.0
95-100	59-69	5.5
105-115	70-86	6.0
120-125	87-97	6.5
130-135	98-108	7.0
140-145	109-116	7.5
150-155	117-119	8.0
160	120	8.5-9

대학이 요구하는 점수대
(학교 및 학과에 따라 다름)

| 일상 생활에서 영어 기본 실력 향상시키기

말하기

❶ 수시로 자기 자신과 영어로 대화하기

❷ 자신이 하는 일, 계획, 또는 국가, 전통, 어린 시절 추억 등에 대해 영어로 생각하며 말하기

❸ 영어로 영화나 동영상을 시청하며 재미있거나 유용한 표현은 암기하기

❹ 발음하기 어려운 영어 발음은 유튜브 등을 통해 정확한 발음 익히기

쓰기

❶ 쇼핑 목록, 매일 할 일 등을 영어로 작성

❷ 휴대전화나 컴퓨터에 영어로 된 키보드를 설치하여 영어로 문자를 보내거나 글 올리기

❸ 영어로 인터넷 검색하기

❹ 영어를 사용하는 온라인 커뮤니티 및 그룹에서 활동하기

읽기

❶ 영어로 된 블로그를 읽고, 소셜 미디어 계정을 팔로우하기

❷ 영어로 된 뉴스 기사 읽기

❸ 자신이 좋아하는 책의 영문판 읽기

❹ 영문 위키피디아를 통해 관심있는 주제 검색하기

듣기

❶ 부담 없이 팝송을 들으며 유용한 문구 익히기

❷ 영화나 동영상은 영어 오디오로 설정하여 시청하기

❸ 영어로 영화나 동영상을 시청하며 쉐도잉하기

❹ 자신이 관심 있는 주제에 대해 영어로 된 앱이나 팟캐스트 찾아 듣기

┃ 연습 시험으로 실제 시험 완벽 적응하기

DET 시험 접수를 위해 계정을 생성하고 로그인을 하면, [시험 미리 체험해보기]를 할 수 있습니다. 이 연습 시험은 30분 버전으로, 시험 길이에서만 차이가 있을 뿐 시험 구성과 난이도가 실제 시험과 동일합니다. 따라서 DET 시험을 준비하는 수험생들은 최대한 빨리 계정을 만들고 가능한 많이 연습 시험을 보기 바랍니다.

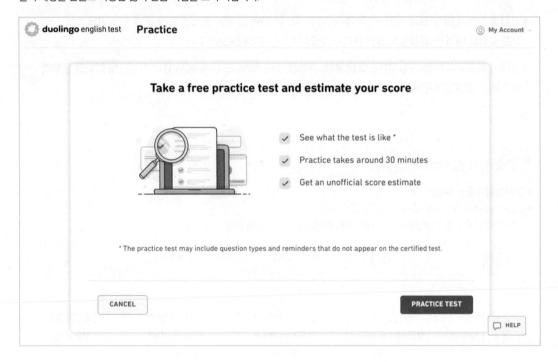

■ 자신의 레벨에 맞게 다음의 학습진도를 참조하여 매일 학습합니다.

■ 문제를 풀 때에는 시간 제한을 두고 실제 시험처럼 풀어 봅니다. 문제를 푼 뒤에는 문제를 풀면서 궁금했던 사항들을 반드시 확인하세요.

■ 교재를 끝까지 한 번 보고 나면 2회독에 도전합니다. 두 번째 볼 때는 훨씬 빠르게 끝낼 수 있어요. 같은 교재를 여러 번 읽을수록 훨씬 효과가 좋으니 다독하기를 권합니다.

■ 혼자서 학습하기 어렵다면, 시원스쿨랩 홈페이지(lab.siwonschool.com)에서 제니 선생님의 강의를 들으며 보다 쉽고 재미있게 공부할 수 있습니다.

| 초고속 일주일 완성 학습 플랜

▶ 영어 실력이 좋은 수험생 대상
▶ Duolingo English Test를 잘 알고 있는 수험생 대상
▶ 시험이 얼마 남지 않은 상태에서 짧은 시간 최종 정리를 원하는 수험생 대상

1일	2일	3일	4일	5일
SECTION: Read and Select SECTION: Fill in the Blanks	SECTION: Mixed Language Skills	SECTION: Interactive Reading	SECTION: Interactive Listening	SECTION: Writing
6일	**7일**			
SECTION: Speaking	SECTION: Writing & Speaking Sample			

입문자 20일 완성 학습 플랜

▶ DET 시험이 처음인 수험생 대상
▶ 영어에 자신이 없는 수험생 대상

1일	2일	3일	4일	5일
DET에 대한 모든 것 시험 준비 방법 (시험 미리 체험해 보기)	Question Type: Read and Select	Question Type: Fill in the Blanks	Question Type: Read and Complete	Question Type: Read Aloud

6일	7일	8일	9일	10일
Question Type: Listen and Type	복습 (1일-6일)	Question Type: Interactive Reading	Question Type: Interactive Listening	복습 (8일-9일)

11일	12일	13일	14일	15일
Question Type: Write About the Photo	Question Type: Interactive Writing	복습 (11일-12일)	Question Type: Listen, Then Speak	Question Type: Speak About the Photo

16일	17일	18일	19일	20일
Question Type: Read, Then Speak	복습 (14일-16일)	Question Type: Writing Sample	Question Type: Speaking Sample	복습 (18일-19일)

SECTION

Read and Select

This section will have 15-18 questions. For each question, you will see a word on the screen.
You will have 5 seconds to decide if the word is a real word in English.

Read and Select

I. 출제 경향 분석

유형 핵심 정보

- 화면에 제시된 단어가 진짜 단어이면 Yes, 아니면 No 선택
- 문제 풀이 시간: 5초
- 15-18 문제 출제 (시험에서 가장 먼저 나오는 문제 유형)

채점 항목

- 읽고 쓰기 능력 (Literacy)
- 읽고 듣기 능력 (Comprehension)

시험 진행

① 화면에 한 문장이 나타나며 5초 타이머 작동

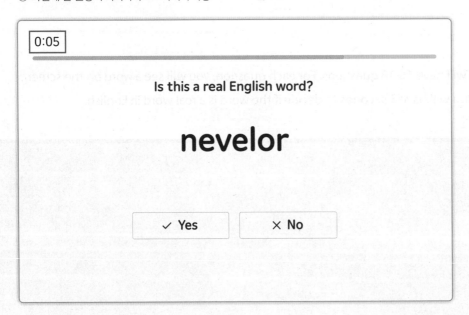

② 빠르게 진짜 단어인지 파악

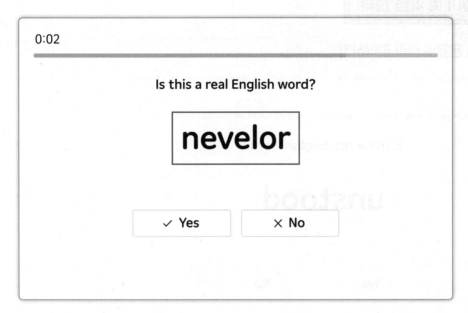

③ Yes/No 버튼을 눌러 제출 (시간 종료 후 자동으로 다음 문제로 이동)

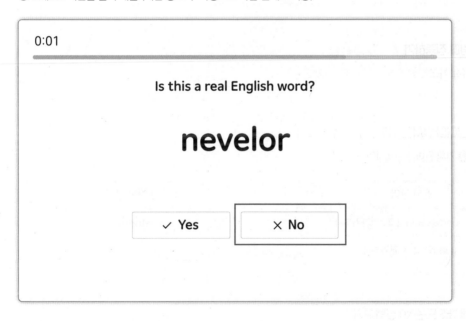

전략1   기출 문제로 전략 파악하기

```
0:05
─────────────────────────────────────

            Is this a real English word?


                  unstood



           ✓ Yes          × No
```

1단계   스펠링에 집중하기

단어를 스펠링 위주로 체크

2단계   진짜 단어와 유사한 가짜 단어에 주의하기

진짜 단어와 유사한 가짜 단어에 주의하며 단어 제거

진짜 단어		유사한 가짜 단어
understood	understand의 과거, 과거분사	unstood
stood	stand의 과거, 과거분사	

3단계   빠르게 YES 또는 NO 선택하기

5초 시간은 조금만 고민하면 금방 흘러가는데, 이 시간 동안 YES 또는 NO 버튼을 누르지 못하면 틀리게 되므로 최대한 빠르게 단어가 진짜 또는 가짜인지 파악하고 버튼을 누를 것

전략 2 오답패턴을 적극반영한 단어 암기법

접두사별 단어 암기

접두사를 활용한 오답이 빈번하게 출제됩니다. 자주 등장하는 패턴은, 접두사 뒤에 엉터리 단어가 나오는 경우와, 실제 존재하는 단어지만 잘못된 접두사와의 조합인 경우입니다. 이러한 오답 함정을 피하기 위해서는 접두사별로 시험에 자주 출제되는 단어를 암기합니다.

접두사	빈출 접두사별 단어 리스트	접두사	빈출 접두사별 단어 리스트
co- 함께, 같이	coherent 일관성 있는 coincide 일치하다 colleague 동료 collection 수집품, 무리 cooperate 협력하다, 협동하다 coordinate 조직화하다, 편성하다 corporation 기업, 단체	em-/en- ~이 되게 하다	embarrass 당황스럽게 만들다 embrace 수용하다, 포옹하다 empower 권한을 주다 enable 가능하게 하다 encouraging 격려하는 enhance 향상시키다 enlarge 확대하다 enlighten 이해시키다, 계몽하다
com- 함께, 같이	combination 조합 common 공통의, 흔한 communication 의사소통 community 공동체 companion 동반자 compassion 동정심, 연민 compose 구성하다 composition 구성	ex- 이전, 밖, 무(無), ~로부터	exchange 교환하다 exclusively 독점적으로 exhale 내쉬다, 내뿜다 exit 출구 explore 탐구하다 exposure 노출, 폭로 expressed 표현된 extinction 멸종 extract 뽑아내다, 발췌하다 extrovert 외향적인 (사람)
dis- 부정, 반대	disability 장애 disagree 동의하지 않다 disarray 혼란 discharge 해고하다, 방출 discomfort 불편 disillusioned 환멸을 느낀 dismount (탈 것에서) 내리다 disorder 무질서 disputable 반론의 여지가 있는 dispute 반박하다, 분쟁	il-/ir- 부정, 반대	illegal 불법의 illogical 비논리적인, 불합리한 illusion 오해, 착각 irrational 비이성적인 irregular 불규칙의, 불법의 irrelevant 관계없는, 부적절한 irresponsible 무책임한 irreversible 되돌릴 수 없는

접두사	빈출 접두사별 단어 리스트	접두사	빈출 접두사별 단어 리스트
im-/in- 부정, 반대, 안, 속	impatient 참지 못하는 impractical 터무니없는, 비현실적인 improper 부적절한, 부당한 inaction 활동 부재 induce 유발하다, 초래하다 influence 영향을 미치다, 영향력 injustice 불공정, 부당 insinuate 넌지시 말하다 invisible 볼 수 없는	over- 위에, 과도한	overcharge 바가지를 씌우다 overcome 극복하다 overestimate 과대평가하다 overflow 넘치다 overlap 겹치다, 포개지다 overlook 간과하다 overly 너무, 몹시 overreact 과잉 반응 보이다 overweight 과체중의
inter- 속, 사이, 상호	interact 상호 작용하다, 교류하다 interchange 교환하다, 교체하다 interference 간섭, 개입 interlude 사이, 중간, 막간 intermediate 중간의 international 국제적인, 국가 간 interpersonal 대인관계에 관련된 interrogation 질문, 심문 interstate 주와 주간의	pre- 전(前)	precaution 예방, 주의 precedent 전례 precondition 전제 조건 prediction 예측 prelude 전주, 서곡, 머리말, 도입부 premature (예정 보다) 이른 preparation 대비, 준비 previously 미리, 이전에
mis- 나쁜, 잘못	mishap 작은 사고 misinformation 잘못된 정보, 오보 misinterpret 잘못 해석하다, 오역하다 misjudge 잘못 판단하다 mislead 잘못 인도하다 misrepresentation 잘못된 설명 mistakenly 실수로 mistrust 불신, 신뢰하지 않다 misunderstanding 오해 misuse 남용, 남용하다	re- 다시, 새로	recall 기억해 내다, 상기하다 reconstruct 재건하다, 재구성하다 reminiscent 연상시키는 renewable 재생 가능한 reset 다시 맞추다 retrieve 회수하다 revert 복귀하다, 되돌아가다 review 재검토하다, 논평 revise 개정하다, 수정하다 revival 회복, 부활
non- 부정, 반대, 무(無)	nondescript 특징이 없는 nonetheless 그럼에도 불구하고 nonexistent 존재하지 않는 nonfiction 허구가 아닌 전기 또는 역사 nonsense 터무니없는 nonspecific 특이하지 않은, 불특정한 nonviolent 비폭력의	semi- 반, 불완전	semiannual 반년마다 semicircle 반원 semicolon 세미콜론 semiconductor 반도체 semiconscious 의식이 완전치 않은 semiformal 반정장의

접두사	빈출 접두사별 단어 리스트	접두사	빈출 접두사별 단어 리스트
sub- 아래, 하위	subjunction 첨가, 추가(첨가)물 submarine 잠수함, 해저의 submerge 잠수하다 submissive 순종적인 subordinate 종속된 subsequently 그 뒤에, 나중에 substandard 표준 이하의 suburban 교외의	un- 부정, 반대, 무(無)	uncompromising 타협하지 않는 undemanding 힘들지 않은 undeniable 부인할 수 없는 undo 원상태로 돌리다 unlikely ~할 것 같지 않은 unplug 플러그를 뽑다 unproductive 비생산적인 unscrupulous 부도덕한 unstable 불안정한 unwise 현명하지 못한
trans- 이전, 횡단, 초월, 변화	transatlantic 대서양을 횡단하는 transfer 옮기다, 이전하다 transform 바꾸다, 전환하다 transit 수송, 통과 transition 전이, 변화 transitive 과도적인 translation 번역 transport 운송하다	under- 밑, 아래, 불완전	undercut ~보다 저가로 팔다, 약화시키다 underestimate 과소평가하다 underground 지하 underlie ~의 기저를 이루다 undermine 손상시키다, 약화시키다 understated 절제된 undertake 착수하다 undertaker 장의사 underwear 속옷

접두사와 마찬가지로 접미사의 변형으로도 오답이 자주 출제됩니다.

접미사	빈출 접미사별 단어 리스트	접미사	빈출 접미사별 단어 리스트
-able (형) 할 수 있는, 적합 한	adjustable 조정 가능한 capable 할 수 있는 comfortable 편안한 inevitable 불가피한 profitable 수익성이 있는 reasonable 합리적인 reliable 믿을 수 있는 replaceable 바꿀 수 있는 suitable 적합한 valuable 가치 있는	-en (형) ~으로 된, ~특징의 (동) ~로 만 들다(되다)	brighten 밝아지다, 밝히다 fasten 고정하다 frighten 놀라게 하다 golden 황금의, 금으로 만든 lessen 줄이다 sharpen 날카롭게 하다 sunken 가라앉은, 움푹 들어간 weaken 약화시키다 wooden 나무로 된, 목재의
-ant/-ent (명) ~하는 사람 (형) ~한 성 질의	assistant 조수 attendant 안내원 consultant 상담가 descendant 후손 fragrant 향기로운 observant 관찰력 있는 reluctant 마지못한 significant 중요한 student 학생 vacant 비어있는	-er/-or (명) 사람, 기계	admirer 숭배자 cleaner 청소부, 청소기 contender 경쟁자, 도전자 customer 고객 manufacturer 생산자, 제조업자 supervisor 감독관, 관리자 supporter 후원자, 지지자 thermometer 온도계 visitor 방문객 voter 투표자
-ary (형) ~의, ~에 관한 (명) ~에 관 한 사람(사 물)	dictionary 사전 elementary 초급의 honorary 명예의 military 군대, 군대의 missionary 선교사 monetary 통화의, 화폐의 planetary 행성의 secretary 비서 sedentary 주로 앉아 있는 voluntary 자발적인, 자원의	-ful (형) 가득한, 많은	bountiful 많은, 풍부한 colorful 다채로운 doubtful 의심스러운 frightful 끔찍한 helpful 도움이 되는 merciful 자비로운 resourceful 자원이 풍부한 rightful 정당한 truthful 정직한, 진실한 useful 유용한
-ed (형) ~의 특 징이 있는, 과거분사 (동) 과거형	alleged (증거 없이) 주장된 cliched 상투적인 extended 연장된 insulted 모욕 당한, 무시 당한 interested 관심 있는 motivated 동기부여가 된 reduced 감소된 related 관련된 sacred 신성한 terrified 무서워하는	-ing (명) 동명사 (동) 진행형 (형) 현재분 사	amazing 놀라운, 멋진 depressing 우울한 disputing 논란이 있는, 반박하는 encouraging 격려하는, 장려하는 fascinating 멋진, 매혹적인 humiliating 굴욕적인 intoxicating 취하는 promising 전도 유망한 rewarding 보람 있는 underlying 근본적인

접미사	빈출 접미사별 단어 리스트	접미사	빈출 접미사별 단어 리스트
-ion/ -sion/ -tion (명) 행동, 상태, 과정	allocation 할당 attraction 매력, 명소 confusion 혼란, 혼동 evolution 진화, 발전 extinction 멸종 isolation 고립, 소외 subtraction 공제, 삭감 supervision 감독, 관리 suspension 매달(리)기, 보류 vision 시력, 환영	-ize (동) ~으로 되다, 만들 다	emphasize 강조하다 familiarize 익숙하게 하다 industrialize 산업화하다 maximize 극대화하다 minimize 최소화하다 personalize (개인의 필요에) 맞추다 rationalize 합리화하다 standardize 표준화하다
-ism (명) 행동, 결과, 특성, 체계	altruism 이타주의 communism 공산주의 criticism 비판 idealism 이상주의 materialism 물질주의 mechanism 매커니즘, 방법 optimism 낙관론 realism 현실주의, 사실성 utilitarianism 공리주의	-less (형) 없는	aimless 목적 없는 ceaseless 중단 없는 faultless 흠잡을 데 없는 fearless 겁 없는 helpless 무력한 merciless 무자비한 restless 쉼 없는, 안절부절 못하는 thoughtless 생각 없는 valueless 가치 없는
-ity (명) 특성, 상태	capability 능력, 역량 credibility 신뢰성 diversity 다양성 mediocrity 보통 사람, 평범 mortality 사망자수 priority 우선권 proximity 근접 scarcity 부족 validity 유효성, 타당성 vicinity 부근	-ly (부) 상태, 방법	abruptly 갑자기, 불쑥 capriciously 변덕스럽게 consistently 일관되게 incredibly 믿을 수 없이 moderately 적절하게 obstinately 완고하게 preferably 더 좋아하여 readily 손쉽게 sufficiently 충분히 unnecessarily 불필요하게
-ive/-ous (형) 특징	adventurous 모험심이 강한 ambiguous 애매한, 모호한 capricious 변덕스러운 cautious 신중한 corrosive 부식성의 excessive 과도한, 지나친 notorious 악명 높은 outrageous 충격적인 predictive 예측의 voracious 게걸스러운, 열렬한	-ment (명) 동작, 상태, 결과	achievement 업적, 성취 acknowledgement 인정 amusement 즐거움, 오락 contentment 만족 enrollment 등록 involvement 관련, 개입, 연루 movement 운동 requirement 요건 tournament 토너먼트 treatment 치료, 대우

접미사	빈출 접미사별 단어 리스트	접미사	빈출 접미사별 단어 리스트
-ness (명) 성질, 상태	attractiveness 끌어 당기는 힘, 매력 brightness 밝음, 선명함, 현명함 fitness 건강, 적합함 forgiveness 용서, 면제 kindness 친절, 다정 preciseness 정확, 정밀 stubbornness 완강 toughness 단단함, 질김 wickedness 악의 willingness 의지	-th (명) 행동, 과정	aftermath 여파 childbirth 출산 dearth 부족, 결핍 death 죽음 depth 깊이 growth 성장 length 길이 truth 진실 warmth 따뜻함 wealth 부
-ship (명) 상태, 특질, 지위	championship 챔피언 지위, 선수권 citizenship 시민권 friendship 우정 hardship 고난 ownership 소유 partnership 동반자 관계, 동업 relationship 관계		

전략 3 　목표 점수대별 Jenny쌤의 공부법 꿀팁

DET 100+ 달성 전략

• 단어의 스펠링 하나하나에 집중하기
– DET 특성상 단어 뜻을 묻는 문제는 없으므로 단어의 스펠링에 보다 집중하기
– 쉬운 단어도 철자 하나를 교묘하게 바꿔 오답으로 출제됨에 유의

• 확실하게 아는 단어만 YES 선택하기
– 아는 단어는 확신을 갖고 빠르게 YES 선택하기
– 우물쭈물하다가 시간제한에 걸림

DET 120+ 달성 전략

• 단어 속 접두사와 접미사를 확인하기
– 단어와 맞지 않는 접두사나 접미사를 조합한 오답이 출제됨에 유의
– 접두사나 접미사를 기준으로 단어의 앞 뒤 뜻을 생각하며 암기를 하면 더 헷갈릴 수 있으므로 단어를 한 덩어리로 보고 암기하기

• 본 적 없는 단어는 NO 선택하기
– Adaptive Testing(반응형 시험) 방식이기 때문에 점점 단어 난이도가 높아진다는 것을 기억하기
– 아무리 난이도가 높아지더라도 본 적이 없는 단어는 가짜 단어일 가능성이 높으므로 고민 없이 바로 NO 선택하기!
　(시간제한 유의!)

III. 기출 변형 문제 연습

1

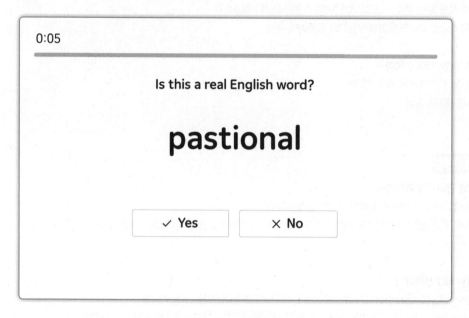

2

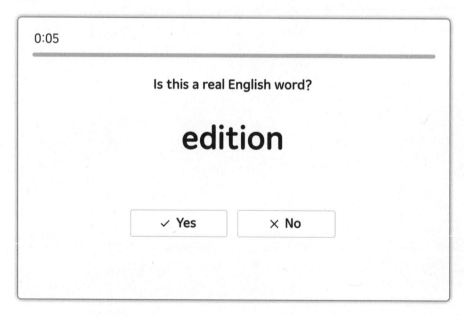

3

0:05

Is this a real English word?

accountant

✓ Yes   ✕ No

4

0:05

Is this a real English word?

manderer

✓ Yes   ✕ No

0:05

Is this a real English word?

enhanced

| ✓ Yes | ✕ No |

0:05

Is this a real English word?

collatering

| ✓ Yes | ✕ No |

7

0:05

Is this a real English word?

viable

✓ Yes   ✕ No

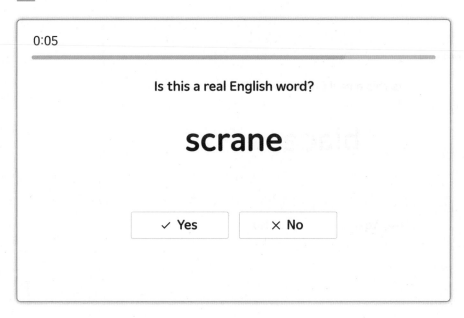

8

0:05

Is this a real English word?

scrane

✓ Yes   ✕ No

9

0:05

Is this a real English word?

clount

✓ Yes   ✕ No

10

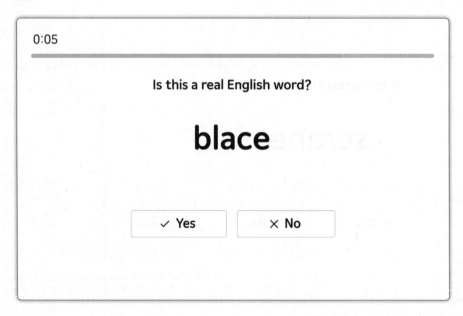

0:05

Is this a real English word?

blace

✓ Yes   ✕ No

11

> 0:05
>
> ### Is this a real English word?
>
> # currency
>
> ✓ Yes   ✕ No

12

> 0:05
>
> ### Is this a real English word?
>
> # invariably
>
> ✓ Yes   ✕ No

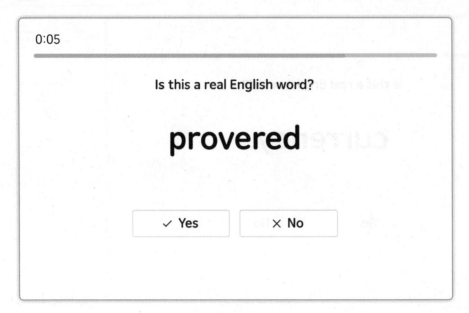

0:05

Is this a real English word?

provered

✓ Yes   ✕ No

0:05

Is this a real English word?

importanting

✓ Yes   ✕ No

15

0:05

Is this a real English word?

confined

✓ Yes   ✕ No

16

0:05

Is this a real English word?

mythical

✓ Yes   ✕ No

17

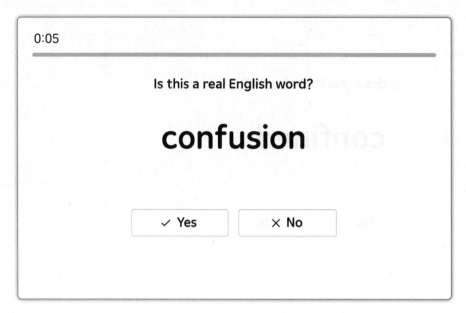

18

1	NO
2	YES
3	YES
4	NO
5	YES
6	NO
7	YES
8	NO
9	NO
10	NO
11	YES
12	YES
13	NO
14	NO
15	YES
16	YES
17	YES
18	YES

어휘

edition 판, 호 accountant 회계원 enhanced 강화된 viable 실행 가능한 currency 통화 invariably 변함없이
confined 갇힌 mythical 신화의 confusion 혼란 antelope 영양

Fill in the Blanks

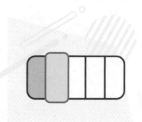

This section will have 6-9 questions. For each question, you will see a sentence with an unfinished word. You will have 20 seconds to complete the sentence with the correct word.

Fill in the Blanks

I. 출제 경향 분석

유형 핵심 정보
• 한 문장의 빈칸에 들어갈 하나의 단어 채우기
• 문제 풀이 시간: 20초
• 6-9 문제 출제 (Read and Select 섹션 다음에 나옴)

채점 항목
• 읽고 쓰기 능력 (Literacy)
• 읽고 듣기 능력 (Comprehension)

시험 진행
① 화면에 한 문장이 나타나며 20초 타이머 작동

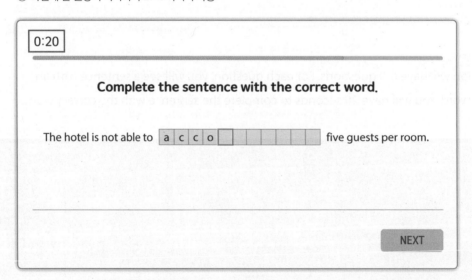

② 시작 알파벳 힌트를 잘 활용하여 빈칸 채우기

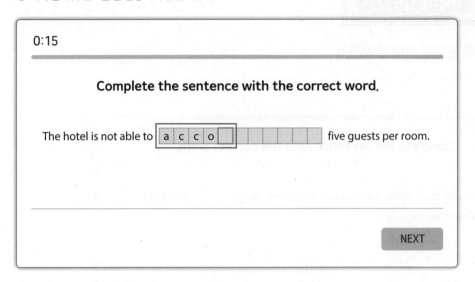

③ 남은 시간 동안 문장을 읽으며 정답 확인 후 NEXT 버튼 누르기 (시간 종료 후 자동으로 다음 문제로 이동)

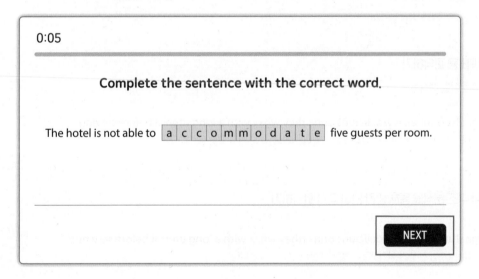

II. 문제 풀이 및 학습 전략

전략1　기출 문제로 전략 파악하기

> 0:20
>
> ---
>
> ### Complete the sentence with the correct word.
>
> The cafe's signature coffee is a delicious drink they w │ h │ ☐ with a long
> utensil before serving.
>
> ---
>
> NEXT

1단계　전체 내용 파악하기

빈칸은 무시하고 문장을 해석함

The cafe's signature coffee is a delicious drink they <u>whxx</u> with a long utensil before serving.
그 카페의 대표 커피는 서빙 전에 긴 식기구(티스푼)로 그들이(직원들이) XX한 맛있는 음료입니다.

2단계　문장 구조 분석을 통해 빈칸 단어 품사 파악하기

The cafe's signature coffee is a delicious drink (they <u>whxx</u> with a long utensil before serving).
그 카페의 대표 커피는 (서빙 전에 긴 식기구로 그들이 XX한) 맛있는 음료입니다.

★ (　)는 목적격 관계대명사 구절 → 관계대명사 구절에 주어만 있고 동사는 없으므로 빈칸 단어를 동사로 유추

> **Tip**
>
> 대부분 학생들이 wh로 시작하는 4글자 단어를 what, when, whom처럼 의문사로만 생각하는데, Fill in the
> Blanks에서는 의문사, 대명사, 접속사, 전치사, 관사는 정답으로 나올 수 없기에 이러한 단어는 바로 배제해야 함

빈칸 단어를 유추하며 채워 넣기

커피 및 긴 티스푼과 관련된 동사로 wh로 시작하는 whip(휘젓다) 단어 선택

The cafe's signature coffee is a delicious drink they whip with a long utensil before serving.

그 카페의 대표 커피는 서빙 전에 긴 식기구(티스푼)로 그들이(직원들이) 휘저은 맛있는 음료입니다.

전략 2 기출 문제로 전략 파악하기

Fill in the Blanks에 정답 단어의 품사는 명사, 동사, 형용사, 부사의 4가지 품사만 나오는데, 명사와 동사가 더 많이 나오는 편임

명사	단수형, 복수형 모두 출제 일반명사 위주로 출제(고유명사 출제 X)
동사	동사원형, 과거형, 과거분사형, 진행형, 현재분사형, 3인칭 단수형 모두 출제 일반동사 위주로 출제(be동사, 조동사 출제 X)
형용사	수량형용사(many, less…), 한정형용사(all, any, some…)는 출제 X
부사	빈도부사(almost, always…), 부정부사(not, never…), 장소부사(here, there…)는 출제 X

Tip

Fill in the Blanks 유형은 듀오링고 측에서 밝혔듯이 응시생의 문법 실력보다는 어휘력을 측정하기 위한 문제 유형으로 빈칸 단어가 Read and Complete보다 어렵게 출제됨에 유의

전략 3   목표 점수대별 Jenny쌤의 공부법 꿀팁

DET 100+ 달성 전략

• 빠르게 핵심 맥락 파악하기
– 주요 단어(명사/동사) 위주로 빠르게 훑어 문장의 핵심 내용을 이해하는 연습하기
– 문장의 주제와 관련 있는 단어 위주로 여러 개 떠올리는 연습하기

• 품사 파악하기
– 빈칸 앞 단어를 보며 빈칸 단어의 품사를 유추하는 연습하기
– 만약 글자 수가 맞지 않는다면 해당 단어의 다른 형태들을 떠올려보기(동사-과거/3인칭 단수 등)

DET 120+ 달성 전략

• 문제 유형에 맞게 단어 암기하기
– 듀오링고 빈출 단어 리스트를 볼 때 앞 1~2글자만 보며 전체 단어를 떠올리는 연습하기
– 다양한 주제와 관련 있는 단어를 품사별로 나눠서 암기하기

• 시간 맞춰 연습하기
– 빠르게 문장을 스캔하여 내용을 이해한 후 빈칸에 알맞을 품사와 단어를 떠올리는 연습하기
– 단어 작성 후 해당 문장이 매끄러운지 읽어 볼 시간 3초는 확보하기

III. 기출 변형 문제 연습

1

0:20

Complete the sentence with the correct word.

The movie ended with such a [w][i][ ][ ] twist that everyone was left speechless.

NEXT

2

0:20

Complete the sentence with the correct word.

During economic downturns, banks are reluctant to [l][e][ ][ ] money to small business owners.

NEXT

3

Complete the sentence with the correct word.

The third test flight of the new aircraft was | d | e | e | | | | a success.

NEXT

4

Complete the sentence with the correct word.

After months of convincing, my mother | e | v | e | n | | | | | | agreed to adopt a cat.

NEXT

5

0:20

Complete the sentence with the correct word.

Regular oil checks prolong your car's | l | i | f | e | | | | | .

NEXT

0:20

Complete the sentence with the correct word.

During the final | p | h | | | | of its life cycle, the adult butterfly emerges from its cocoon.

NEXT

0:20

Complete the sentence with the correct word.

The playful puppies spent all morning w r e s [ ] with each other before taking a nap in the afternoon.

NEXT

0:20

Complete the sentence with the correct word.

Since you have a k e [ ] interest in filmmaking, I'd suggest you join my Films 101 class.

NEXT

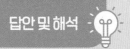
1

The movie ended with such a wild twist that everyone was left speechless.

영화는 모두가 할 말을 잃을 정도로 전혀 뜻밖의 반전으로 끝났습니다.

2

During economic downturns, banks are reluctant to lend money to small business owners.

경기 침체기에는 은행이 소상공인에게 돈을 빌려주는 것을 꺼립니다.

3

The third test flight of the new aircraft was deemed a success.

새 항공기의 세 번째 시험 비행은 성공으로 간주되었습니다.

4

After months of convincing, my mother eventually agreed to adopt a cat.

몇 달간의 설득 끝에, 어머니는 결국 고양이를 입양하는 것에 동의하셨습니다.

5

Regular oil checks prolong your car's lifespan.

정기적인 오일 점검은 차량의 수명을 연장합니다.

6

During the final phase of its life cycle, the adult butterfly emerges from its cocoon.

생애주기의 마지막 단계에서 성충 나비는 고치에서 나옵니다.

7

The playful puppies spent all morning wrestling with each other before taking a nap in the afternoon.

장난기 많은 강아지들은 오후에 낮잠을 자기 전에 서로 씨름을 하며 오전 내내를 보냅니다.

8

Since you have a keen interest in filmmaking, I'd suggest you join my Films 101 class.

당신은 영화 제작에 관심이 많으므로, 제 영화 입문 수업에 참여해보시는 것을 추천합니다.

어휘

wild 전혀 뜻밖의, 야생의 twist 반전 downturn 침체 reluctant 꺼리는 lend 빌려주다 test flight 시험 비행 aircraft 항공기 be deemed ~로 간주되다 convince 설득하다 eventually 결국 adopt 입양하다 regular 정기적인 prolong 연장하다 lifespan 수명 phase 단계 life cycle 생애주기 emerge 나오다 cocoon 고치 playful 장난기 많은 spend 시간 -ing ~을 하며 시간을 보내다 take a nap 낮잠을 자다 keen 관심이 많은, 열정적인 101 입문의, 기초의, 개론의

SECTION

Mixed Language Skills

This section will have 18-21 questions from three question types: Read and Complete, Listen and Type, and Read Aloud. It will take up to 30 minutes.

Read and Complete

I. 출제 경향 분석

유형 핵심 정보
• 빈칸에 들어갈 단어 채우기
• 문제 풀이 시간: 3분
• 3-6 문제 출제

채점 항목
• 읽고 쓰기 능력 (Literacy)
• 읽고 듣기 능력 (Comprehension)

시험 진행
① 화면에 한 단락의 지문이 나타나며 3분의 문제 풀이 시간이 주어짐

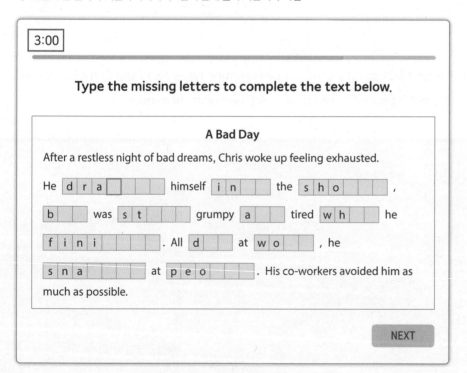

② 전체 지문을 빠르게 훑은 후, 시작 알파벳 힌트를 잘 활용하여 빈칸에 들어갈 단어를 채우기

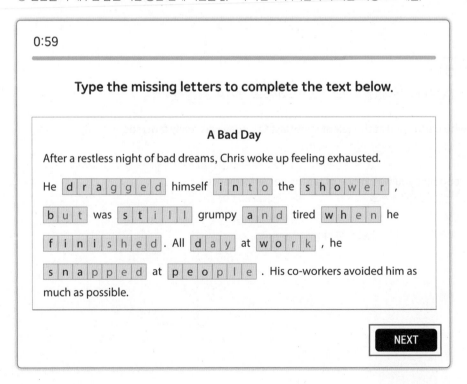

③ 빈칸을 다 채우면 남은 시간 동안 전체 지문을 읽으며 확인하기 (시간이 다 되면 자동으로 제출)

II. 문제 풀이 및 학습 전략

전략1   기출 문제로 전략 파악하기

3:00

Type the missing letters to complete the text below.

A Fantastic Magician

The magician who performed at the talent show last Saturday was really fantastic. His `t r ☐ ☐ ☐ ☐` were `a m a ☐ ☐ ☐` and `u n i ☐ ☐ ☐`, a `a ☐` he `m a n ☐ ☐ ☐` to `c o n f ☐ ☐ ☐` the entire `a u d ☐ ☐ ☐ ☐`. He `w ☐ ☐` especially `i m p r e ☐ ☐ ☐` when `s h o ☐ ☐ ☐` off `h ☐ ☐` card `s k ☐ ☐ ☐ ☐`. I really recommend that you watch one of his future performances.

NEXT

1단계   **전체 내용 파악하기**

첫 문장과 마지막 문장은 전체 지문 내용을 파악할 수 있게 도와주므로, 먼저 이 문장들을 해석함

The magician who performed at the talent show last Saturday was really fantastic.
지난 토요일 탤런트 쇼에서 공연한 마술사는 정말 환상적이었습니다.

I really recommend that you watch one of his future performances.
앞으로 그의 공연을 꼭 한 번 보시길 추천합니다.

★ 마술사의 공연이 대단했다 → 이와 관련된 내용을 인지하며 빈칸 단어를 유추

빈칸 단어들 유추하며 채워 넣기

전체 지문 내용과 어울리는 빈칸 단어를 유추하는데, 문장 구조와 단어 형태를 고려하여, 명사, 동사, 형용사, 부사, 전치사, 접속사 등 알맞은 품사의 단어를 완성

(단어 떠올리기 예시)

magician – tricks, audience, card skills
perform fantastic – amazing, unique, impressive, show off

The magician who performed at the talent show last Saturday was really fantastic. His tricks
　　　　　　　　　　　　　　　　　　　　　　　　　　　　　　　　　　　　　　　복수 명사 주어

were amazing and unique, and he managed to confuse the entire audience. He was especially
형용사 보어　형용사 보어　접속사　　과거형 동사　manage to + 동사원형　명사 목적어　과거형 be동사

impressive when showing off his card skills. I really recommend that you watch one of his future
형용사 보어　　　분사구문　소유격　복수 명사

performances.

마지막으로 빠진 단어 채워 넣으며 체크하기

중간에 건너 뛴 빈칸이 있다면 채워진 다른 단어와의 해석을 통해 다시 유추하고, 시간이 남으면 전체 지문 내용이 자연스럽게 연결되는지 확인

The magician who performed at the talent show last Saturday was really fantastic. His tricks were amazing and unique, and he managed to confuse the entire audience. He was especially impressive when showing off his card skills. I really recommend that you watch one of his future performances.

지난 토요일 탤런트 쇼에서 공연한 마술사는 정말 환상적이었습니다. 그의 트릭은 놀랍고 독특했으며 그는 전체 청중을 혼란스럽게 만들었습니다. 특히 그가 카드 실력을 뽐낼 때 인상적이었습니다. 앞으로 그의 공연을 꼭 한 번 보시길 추천합니다.

전략 2 빈칸 채우기 출제 포인트 완벽 정리

짧은 빈칸은 우리가 잘 아는 다음의 기본 어휘일 가능성이 높습니다.

be동사	be / am, are, is / was, were
전치사(시간, 장소)	at, on, In / from, to / for, during / by, near across, around, out, throughout (부사로도 사용)
전치사(이유, 대상)	for, of, to, with, about, on
조동사	can, may, will
대명사	you, we, he, she, they, it (주격) my, your, our, his, her, their, its (소유격) me, you, us, him, her, them, it (목적격)
대명사(지시)	this, that, these, those
부정대명사	all, one, anything some, any, many, much (수량형용사로도 사용)
관사	a, an, the
접속사	and, but, or, because, when, while as, than, before, after (전치사로도 사용)
형용사	every, other each (대명사로도 사용) such, next (부사로도 사용)
부사	almost, also, again, always, even, still, far, soon, too / not, never / here, there

---

예제

1 There [a][ ][ ] paintings [o][ ] presidents [f][r][ ][ ] different countries.

2 This feature [i][ ] usually found [i][ ] movies.

3 She was passionate [a][ ][ ][ ][ ] [h][ ][ ] job, [b][ ][ ] she was recently fired from her work.

해답

1 are: there ~ paintings 사이에 be 동사가 위치하며 paintings는 복수
   of: 명사와 명사를 이어주는 전치사
   from: presidents(명사)와 different countries(명사)사이에 fr로 시작하는 전치사

2 is: 단수 주어 다음 동사로 found의 수동태를 완성해야 함
   in: '영화 속에서'라는 표현으로, movies 앞에 올 수 있는 전치사

3 about: passionate 과 함께 사용되는 a로 시작하는 전치사
   her: job 앞 관사 또는 소유격이 오는데, 주어 she와 h라는 시작 알파벳 힌트를 통해 채우기
   but: 앞 뒤 문장을 연결해주는 접속사로, 앞 뒤 내용이 반대가 되는 것과 시작 알파벳 힌트를 통해 채우기

Fill in the Blanks와 Read and Complete의 빈칸 정답 차이점 숙지

Fill in the Blanks	Read and Complete
명사	명사 이외에도 대명사(he, they…), 지시대명사(this, that…), 부정대명사(one, each…) 빈출
동사 중에서 일반동사(go, work…)	일반동사도 나오지만 Be동사(am, was…), 조동사(can, should…) 빈출
일반적인 형용사(good, old…)	일반적인 형용사도 나오지만 수량형용사(less, more…), 한정형용사(any, some…) 빈출
일반적인 부사	일반적인 부사도 나오지만 빈도부사(always, often…), 부정부사(little, never…), 장소부사(there…) 빈출
전치사, 접속사 X	전치사(by, in, of…), 접속사(and, but…) 빈출

Read and Complete의 기출 정답 익히기

2 letters	
an	a☐
as	a☐
be	b☐
by	b☐
do	d☐
in	i☐
is	i☐
it	i☐
of	o☐
on	o☐
to	t☐

3 letters	
air	a☐☐
and	a☐☐
any	a☐☐
are	a☐☐
art	a☐☐
but	b☐☐
can	c☐☐
day	d☐☐
etc.	e☐☐.
fit	f☐☐
had	h☐☐
his	h☐☐
lot	l☐☐
its	i☐☐
new	n☐☐
now	n☐☐

off	o☐☐
one	o☐☐
red	r☐☐
say	s☐☐
the	t☐☐
was	w☐☐
who	w☐☐
you	y☐☐

4 letters	
also	al☐☐
area	ar☐☐
back	ba☐☐
been	be☐☐
body	bo☐☐
camp	ca☐☐
city	ci☐☐
cost	co☐☐
days	da☐☐
each	ea☐☐
evil	ev☐☐
food	fo☐☐
form	fo☐☐
foul	fo☐☐
from	fr☐☐
good	go☐☐
have	ha☐☐
home	ho☐☐
huge	hu☐☐
into	in☐☐
keep	ke☐☐

kind	ki☐☐
lead	le☐☐
less	le☐☐
list	li☐☐
loss	lo☐☐
lung	lu☐☐
many	ma☐☐
more	mo☐☐
most	mo☐☐
need	ne☐☐
same	sa☐☐
sold	so☐☐
team	te☐☐
than	th☐☐
that	th☐☐
them	th☐☐
they	th☐☐
this	th☐☐
tomb	to☐☐
tool	to☐☐
used	us☐☐
uses	us☐☐
vase	va☐☐
when	wh☐☐
with	wi☐☐
work	wo☐☐
year	ye☐☐

5 letters	
again	ag☐☐☐
black	bl☐☐☐
carry	ca☐☐☐
cells	ce☐☐☐
could	co☐☐☐
death	de☐☐☐
hours	ho☐☐☐
ideas	id☐☐☐
leads	le☐☐☐
learn	le☐☐☐
least	le☐☐☐
light	li☐☐☐
lines	li☐☐☐
makes	ma☐☐☐
other	ot☐☐☐
ships	sh☐☐☐
signs	si☐☐☐
spent	sp☐☐☐
start	st☐☐☐
state	st☐☐☐
steam	st☐☐☐
still	st☐☐☐
stuff	st☐☐☐
tends	te☐☐☐
terms	te☐☐☐
their	th☐☐☐
there	th☐☐☐
think	th☐☐☐
times	ti☐☐☐
tired	ti☐☐☐
tools	to☐☐☐

total	to☐☐☐
urban	ur☐☐☐
water	wa☐☐☐
which	wh☐☐☐
white	wh☐☐☐
whole	wh☐☐☐
world	wo☐☐☐
wrong	wr☐☐☐
yacht	ya☐☐☐
years	ye☐☐☐

6 letters	
adverb	adv☐☐☐
before	bef☐☐☐
better	bet☐☐☐
cooled	coo☐☐☐
effort	eff☐☐☐
energy	ene☐☐☐
engine	eng☐☐☐
growth	gro☐☐☐
heated	hea☐☐☐
liquid	liq☐☐☐
looted	loo☐☐☐
museum	mus☐☐☐
people	peo☐☐☐
pretty	pre☐☐☐
proved	pro☐☐☐
region	reg☐☐☐
rested	res☐☐☐
shower	sho☐☐☐
signed	sig☐☐☐

single	sin□□□
skills	ski□□□
source	sou□□□
stable	sta□□□
stayed	sta□□□
tables	tab□□□
taught	tau□□□
things	thi□□□
topics	top□□□
unique	uni□□□
useful	use□□□
waiter	wai□□□

7 letters	
account	acc□□□□
adapted	ada□□□□
allowed	all□□□□
amazing	ama□□□□
another	ano□□□□
appears	app□□□□
artists	art□□□□
attempt	att□□□□
because	bec□□□□
between	bet□□□□
century	cen□□□□
circuit	cir□□□□
confuse	con□□□□
dragged	dra□□□□
example	exa□□□□
flowing	flo□□□□
grammar	gra□□□□
growing	gro□□□□
heating	hea□□□□
helpful	hel□□□□
herring	her□□□□
history	his□□□□
looking	loo□□□□
managed	man□□□□
mystery	mys□□□□
process	pro□□□□
roughly	rou□□□□
royalty	roy□□□□
sectors	sec□□□□
showing	sho□□□□
snapped	sna□□□□
started	sta□□□□
utterly	utt□□□□
variety	var□□□□
working	wor□□□□
written	wri□□□□

8 letters	
attended	atte□□□□
audience	audi□□□□
economic	econ□□□□
extended	exte□□□□
finished	fini□□□□
includes	incl□□□□
increase	incr□□□□
language	lang□□□□
lifespan	life□□□□
physical	phys□□□□

planning	plan□□□□
possible	poss□□□□
promoted	prom□□□□
purified	puri□□□□
reliable	reli□□□□
research	rese□□□□
resorted	reso□□□□
rightful	righ□□□□
situated	situ□□□□
studying	stud□□□□
sunlight	sunl□□□□
untangle	unta□□□□

Over 8 letters	
accommodate	acco□□□□□□□
adjective	adje□□□□□
associated	assoc□□□□□
astronomers	astro□□□□□□
attempting	attem□□□□□
circumstantial	circums□□□□□□□
comprising	compr□□□□□
constitutes	const□□□□□□
container	cont□□□□□
contributes	contr□□□□□□
conversion	conve□□□□□
converted	conv□□□□□
demonstrated	demons□□□□□□
entertain	ente□□□□□
expensive	expe□□□□□
experienced	exper□□□□□□

fertilizing	ferti□□□□□□
foresight	fore□□□□□
functions	func□□□□□
importance	impor□□□□□
impressive	impre□□□□□
impurities	impur□□□□□
intricate	intr□□□□□
observations	observ□□□□□□
opportunities	opport□□□□□□□
politicians	politi□□□□□
positions	posi□□□□□
pronunciation	pronun□□□□□□□
residence	resi□□□□□
respectively	respec□□□□□□
structures	stru□□□□□□
surrounded	surr□□□□□□
technologies	techno□□□□□□
temperatures	temper□□□□□□

전략 3 목표 점수대별 Jenny쌤의 공부법 꿀팁

DET 100+ 달성 전략

• 짧은 빈칸부터 공략하기
- 짧은 빈칸 문제가 꽤 많이 출제되므로 짧은 빈칸 문제는 틀리지 않도록 연습하기
- 교재에 있는 기출 정답 어휘들을 암기

• 단어 뒤 s/ed/er/est 신경 쓰기
- 같은 단어도 주어에 따라 또는 개수에 따라 동사나 명사 뒤에 -s/-es가 붙거나, 동사의 과거 시제인 -d/-ed가 붙을 수 있음
- 마찬가지로 형용사나 부사 뒤에 -er/-est의 비교급 또는 최상급 어미가 붙을 수 있음

• 몰랐던 단어는 꼭 암기하기
- DET 문제는 반복적으로 비슷한 주제가 나오므로 틀리거나 몰랐던 단어는 반드시 완벽하게 암기하기
- 빈칸을 정확하게 채우기 위해, 단어의 뜻과 철자를 같이 암기하기

DET 120+ 달성 전략

• 다양한 주제별 단어 암기하기
- 다양한 빈칸 문제의 지문 내용을 풀어보며 지문의 주제 및 어휘와 친숙해지기
- 주제에 따라 빈칸에 들어갈 단어들을 추리할 수 있도록 주제별 연관 단어를 함께 암기하기

• 유의어 함께 암기하기
- 첫 문장에 나와 있는 단어들의 유의어가 빈칸으로 자주 출제되므로 유의어도 함께 암기하기
- 유의어 역시 철자까지 암기하는 학습하기

• 내용의 맥락 이해하기
- 난이도가 높은 문제들은 지문의 맥락을 이해하여 단어 유추하는 학습하기
- 주제를 알 수 있는 첫 문장과 마지막 문장뿐만 아니라, 빈칸 문장도 단어들을 조합하여 맥락을 제대로 파악하는 연습하기

III. 기출 변형 문제 연습

1

Type the missing letters to complete the text below.

Brendan and the Flu

When he had the flu last month, Brendan felt like he could barely move. He d r a [ ] himself i n [ ] the s h o [ ], b [ ] he s t [ ] felt achy a [ ] t i [ ] w h [ ] he got o [ ]. He t [ ] his boss t h [ ] he n e [ ] to take a couple o [ ] days o [ ], a [ ] just s t a [ ] at h o [ ] and r e s [ ]. After a few days of rest and flu medication, he finally began to feel better.

NEXT

2

Type the missing letters to complete the text below.

Symptoms of Alzheimer's Disease

The early symptoms of Alzheimer's disease vary from one person to the next. O [ ] of t [ ] first s i [ ] o [ ] cognitive i m p [ ] related to Alzheimer's i [ ] memory l o [ ]. Sufferers a [ ] commonly h [ ] difficulty c h o [ ] the correct words to s [ ], forget why t h [ ] have entered a room, and make poor decisions due to impaired reasoning and judgement. As the disease progresses, memory loss and cognitive difficulties typically worsen.

NEXT

1

When he had the flu last month, Brendan felt like he could barely move. He dragged himself into the shower, but he still felt achy and tired when he got out. He told his boss that he needed to take a couple of days off, and just stayed at home and rested. After a few days of rest and flu medication, he finally began to feel better.

지난 달에 독감에 걸렸을 때 브렌든은 거의 움직일 수 없을 것 같았습니다. 그는 샤워실에 몸을 끌고 들어갔지만, 나올 때 여전히 아프고 피곤했습니다. 그는 상사에게 며칠 쉬어야 한다고 말하고 집에서 쉬었습니다. 며칠 간의 휴식과 독감 약을 먹은 후 그는 마침내 기분이 나아지기 시작했습니다.

어휘

flu 독감 barely 거의 ~ 않는 drag ~을 끌다 shower 샤워실 achy 아픈 get out 나오다 take a day off 하루 근무를 쉬다 medication 약

2

The early symptoms of Alzheimer's disease vary from one person to the next. One of the first signs of cognitive impairment related to Alzheimer's is memory loss. Sufferers also commonly have difficulty choosing the correct words to say, forget why they have entered a room, and make poor decisions due to impaired reasoning and judgement. As the disease progresses, memory loss and cognitive difficulties typically worsen.

알츠하이머병의 초기 증상은 사람마다 다릅니다. 알츠하이머와 관련된 인지 장애의 첫 징후 중 하나는 기억 상실입니다. 환자들은 또한 일반적으로 올바른 단어를 선택하는 데 어려움을 겪으며, 그들이 방에 들어간 이유를 잊어버리고, 추론과 판단력이 손상되어 잘못된 결정을 내립니다. 질병이 진행됨에 따라 기억 상실과 인지 장애는 일반적으로 악화됩니다.

어휘

symptom 증상 disease 병 vary 다르다, 다양하다 sign 신호, 징후 cognitive 인지의 impairment 장애 memory 기억(력) loss 상실, 손실 sufferer 고통받는 사람, 환자 make poor decisions 잘못된 결정들을 하다 due to ~때문에, ~에 기인하여 impaired 손상된 reasoning 추론(력) judgement 판단(력) progress 진행되다 difficulty 장애 typically 일반적으로 worsen 악화되다

Read Aloud

I. 출제 경향 분석

유형 핵심 정보
• 제시된 문장을 자연스럽게 읽기
• 문제 풀이 시간: 20초
• 3-6 문제 출제

채점 항목
• 읽고 듣기 능력 (Comprehension)
• 듣고 말하기 능력 (Conversation)

시험 진행
① 화면에 문제가 나오는 동시에 20초 타이머가 작동

Record yourself saying the statement below.

"The expansion of the building's west end is being studied."

RECORD NOW

② 녹음 전 먼저 읽어보고, 준비가 되면 'RECORD NOW' 버튼을 누르고 크게 소리 내어 읽기 (녹음이 진행되는 중에는 화면 하단에 녹음 표시가 생성됨)

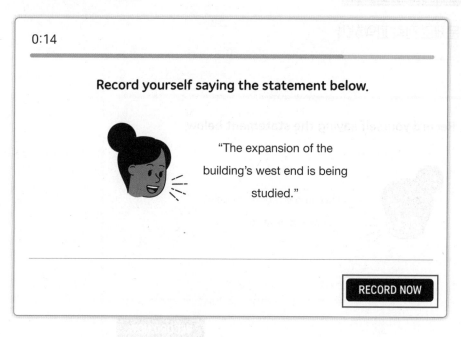

③ 녹음이 끝나고 'NEXT' 버튼을 눌러 결과를 제출 (시간이 다 되면, 자동으로 제출)

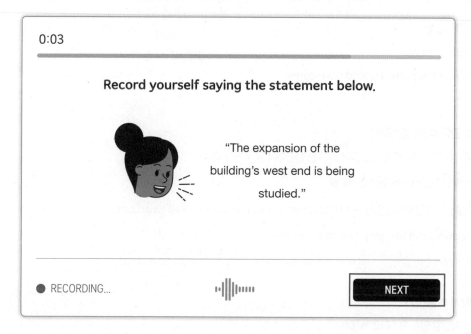

II. 문제 풀이 및 학습 전략

전략1 기출 문제로 전략 파악하기

```
0:20

Record yourself saying the statement below.

                    "If I had known about the party,
                    I would have come."


                                              RECORD NOW
```

1단계 먼저 읽어 보기

녹음 전 먼저 큰 소리로 읽어보기

If I had known about the party, I would have come.
내가 그 파티에 대해 알았더라면, 나는 갔을 것입니다.

2단계 전달력 고득점 포인트 확인

어려운 단어의 발음, 강세 및 리듬, 연음 또는 끊어 읽기 등 집중해야 할 고득점 포인트 찾기

① 어려운 단어의 발음: had known, would have

② 강세: 내용상 핵심 단어는 강조하며 읽기 → If I had known about the party, I would have come.

③ 연음: If I had known about the party, I would have come

④ 끊어 읽기: 쉼표는 끊어 주며 말하기 → If I had known about the party, ∨ I would have come.

3단계 자신 있게 녹음하기

뜻을 생각하며 크고 자신감 있는 목소리로 녹음하기

If I had known about the party, ∨ I would have come.

전략2　전달력 높이는 고득점 포인트 익히기

발음(Pronunciation)

이 문제 유형은 수험자의 말하기 전달력을 측정하려는 목적이기에, 영어 기본 발음을 정확하게 사용하며 읽는 것에 집중합니다. 발음이 익숙하지 않거나 헷갈리는 단어가 문장에 포함되어 있더라도 당황하지 않고 읽을 수 있도록 영어의 기본적인 발음법들을 연습합니다.

• 특이한 철자 발음
간혹 생긴 모습과는 다르게 발음이 되는 단어들이 있습니다. ph발음은 [f] 발음입니다.
philosophy [f ㅣ 라서f ㅣ] / phoenix [f ㅣ 닉s] / choreography [커리여그래f ㅣ]

• s뒤에 p / k / t 가 올 때
단어 시작이 sp/sk/st 일 때 된소리가 납니다.
special [s빼셜] / skeptical [s껩티컬] / skate [s께이ㅌ] / still [s띨] / stress [s뜨레스]

• 익숙한 한국식 단어 발음
우리가 한국식으로 편하게 발음하던 영어 단어들이 실제 영어 발음과 다른 경우가 많습니다.
amateur [애머츄r] / marketing [마r께링] / restaurant [뤠s트란ㅌ] / stadium [s떼이디음]

강세(Stress)

영어와 한국어 말하기의 가장 큰 차이점은 강세입니다. 영어 말하기의 전달력은 발음이 반 그리고 나머지 반은 강세입니다. 어떤 단어에 강세를 넣어야 할지 아래 내용을 보며 숙지합니다.

• 문장 속 단어 강조
내용상 중요한 단어(일반적으로 명사, 동사)는 강조하여 읽습니다.

If you need help getting another job, I'll help you with that.
당신이 다른 직업을 구하는 데 도움이 필요하면, 내가 도와주겠습니다.

• 강조 단어 강조
의미가 강조인 단어들은 강조하여 읽습니다.

No doubt, he will trade his one and only car for a new one.
의심의 여지없이, 그는 자신의 유일한 차를 새 차와 교환할 것입니다.

• 물음표에 집중
질문은 끝을 올려 강조하여 읽습니다.

Do you know if he is busy this morning?
당신은 그가 오늘 아침에 바쁜지 아나요?

영어는 또박또박 발음해야 잘 들리는 한국어와는 달리, 부드럽게 이어지며 발음이 되는 연음이 중요합니다. 모든 단어를 뚝뚝 끊기게 읽으면 감점 요인이 될 수 있으니 최대한 하나의 문장이 매끄럽게 연결되도록 읽는 연습을 합니다.

• [d]나 [t] 뒤에 [y]로 시작하는 단어가 올 때
  could you [쿠쥬]
  want you [원츄]

• 두 단어의 끝과 시작이 같은 자음일 때
  social life [서우셜 라이f]

자연스럽게 읽고 전달하기 위해서는 필요한 곳을 끊어주며 읽어야 합니다. 하지만 내가 숨이 찬다고 아무 곳에서나 끊으면 의미 전달이 잘못될 수도 있기 때문에 끊어 읽을 구간에 대한 아래 몇 가지 규칙을 숙지합니다.

• 쉼표가 있을 때
  문장 속 쉼표가 있을 때에는 자연스럽게 끊어 읽습니다. 단어 나열 속 쉼표도 모두 끊어 읽습니다.

  If you want to make the game harder for older children, ∨ you can press the button on the right.
  더 연령이 높은 아이들을 위해 게임을 어렵게 만들고 싶다면, 오른쪽 버튼을 누르면 됩니다.

  My favorite dishes are fish and chips, ∨ tomato pasta, ∨ and chicken noodle soup.
  내가 가장 좋아하는 요리는 피쉬 앤 칩스, 토마토 파스타, 그리고 치킨 누들 수프입니다.

• 주어가 길 때
  문장이 길어지면 주어가 길 가능성이 높기 때문에 동사 전에 끊어 읽는 것이 자연스럽습니다.

  The books on the left side of the shelf ∨ are for older students.
  선반 왼쪽에 있는 책은 연령이 더 높은 학생들을 위한 책입니다.

• that절 앞에서
  문장 속 that은 보통 추가 설명이기 때문에 그 앞에서 끊어 읽는 연습을 합니다.

  The librarian has to come up with a few solutions ∨ that will be helpful for students.
  도서관 사서는 학생들에게 도움이 될 몇 가지 해결책을 제시해야 합니다.

전략 3   목표 점수대별 Jenny쌤의 공부법 꿀팁

DET 100+ 달성 전략

• 전달력 높이는 득점 포인트 집중 연습하기
- 기본 발음을 천천히 말하며 AI 채점 시스템이 쉽게 이해할 수 있도록 정확하게 전달하기
- 원어민처럼 전달하기 위한 득점 포인트(발음, 강세, 연음, 끊어 읽기) 집중 학습하기

• 자신감 있고 힘 있는 목소리를 내는 데 집중하기
- 녹음으로 전달해야 하는 문제 유형이기에 크고 힘 있게 말해야 AI 채점 시스템이 쉽게 인식 가능
- 자신감 있게 말한다면 영어에 능숙한 것처럼 들린다는 것을 기억하기

• 강세가 헷갈리는 단어일 경우 그 단어에 강세를 넣지 않기
- 어렵거나 모르는 단어에 굳이 강세를 넣는 모험을 할 필요가 없음
- 반대로 내가 정확하게 알고 있는 단어의 강세는 더욱 강하게 자랑하듯 말하는 연습하기

DET 120+ 달성 전략

• 유창함을 강조할 수 있도록 연음 연습에 집중하기
- 연음이 자연스러우면 유창하게 들리므로 원어민 같은 연음 연습하기
- 한 단어씩 끊어 말하기보다 한 숨에 뱉는다는 생각으로 말하기

• 난이도가 높아져 긴 문장이 나오더라도 급하게 말하지 않기
- 난이도가 높아지면 긴 문장이 나오게 되는데 당황하지 않고 짧은 문장과 동일한 페이스로 읽기
- 긴 문장이 나올 경우 준비시간을 더 짧게 갖고 말하기 시간을 충분히 갖기

• 긴 주어 뒤는 끊어 읽기
- 문장이 길면 대개 주어가 길어지기에, 동사 전에(=주어 뒤에) 한 번 끊어주고 뒷 내용을 연결해서 읽는 연습하기

1

0:20

Record yourself saying the statement below.

"I'd like to go abroad someday."

RECORD NOW

2

0:20

Record yourself saying the statement below.

"I want to be certain that they
have understood me."

RECORD NOW

3

0:20

Record yourself saying the statement below.

"They received land, seed, livestock, and other items to develop."

RECORD NOW

4

0:20

Record yourself saying the statement below.

"But as the field of genetics continued to develop, those views became less tenable."

RECORD NOW

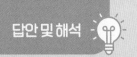
1

I'd like to go abroad ∨ someday.

언젠가 나는 해외에 가고 싶습니다.

2

I want to be certain ∨ that they have understood me.

나는 그들이 나를 이해했는지 확인하고 싶습니다.

3

They received land, ∨ seed, ∨ livestock, ∨ and other items to develop.

그들은 토지, 종자, 가축 및 기타 개발 품목을 받았습니다.

4

But as the field of genetics continued to develop, ∨ those views became less tenable.

그러나 유전학 분야가 계속 발전함에 따라, 그러한 견해는 유지되기 어려워졌습니다.

어휘

abroad 해외에 certain 확실한 seed 종자, 씨앗 livestock 가축 item 품목 field 분야 genetics 유전학 develop
발전하다, 개발하다 view 견해 tenable 유지되는, 견디는

Listen and Type

I. 출제 경향 분석

유형 핵심 정보
- 문장을 듣고 그대로 받아쓰기
- 문제 풀이 시간: 1분
- 총 3번의 듣기 기회
- 6-9 문제 출제

채점 항목
- 읽고 듣기 능력 (Comprehension)
- 듣고 말하기 능력 (Conversation)

시험 진행
① 화면에 문제가 나오는 동시에 1분 타이머가 작동하며 문장이 바로 들림

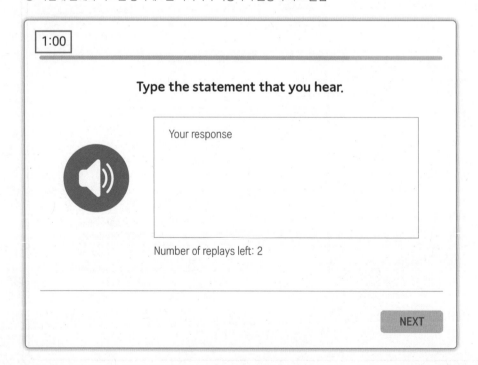

② 잘 들렸던 단어들부터 빠르게 타이핑하고, 빠뜨린 단어들은 두 번의 추가 듣기를 통해 채워 넣기

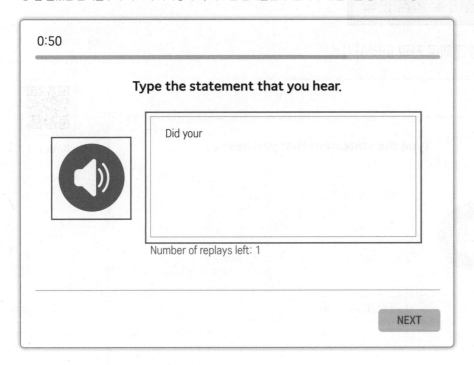

③ 타이핑이 끝나고 'NEXT' 버튼을 눌러 결과를 제출 (시간이 다 되면, 자동으로 제출)

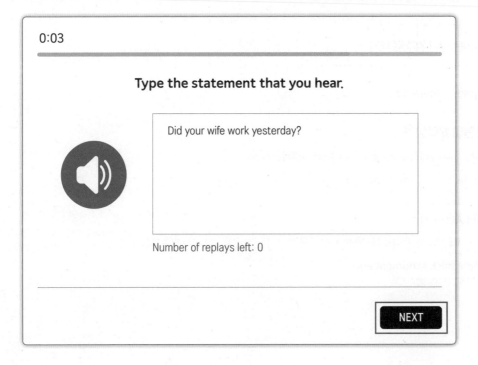

II. 문제 풀이 및 학습 전략

전략1 기출 문제로 전략 파악하기

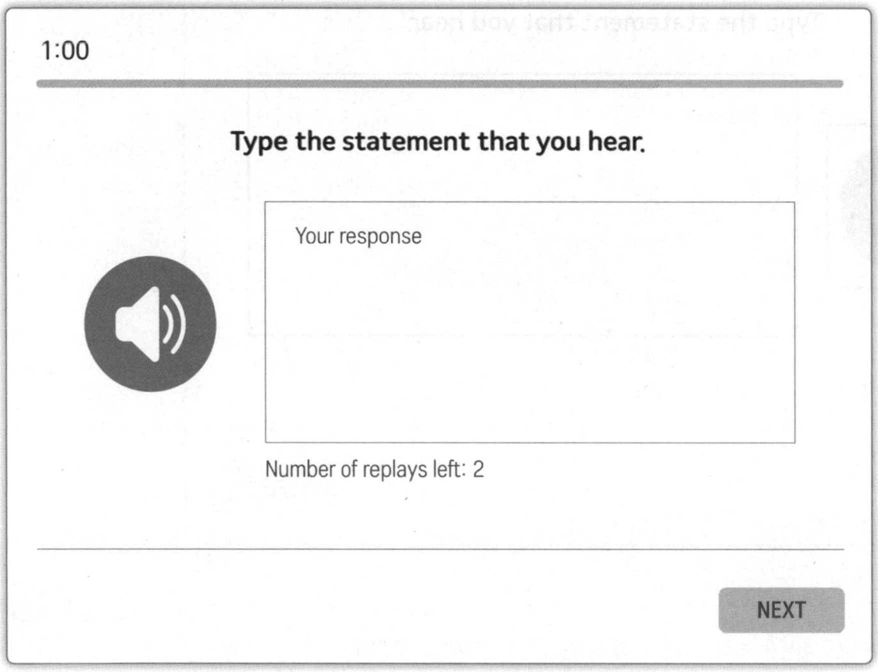

DET_1

1단계 잘 들리는 단어 위주로 적기

첫 번째 듣기에서는, 잘 들리는 문장 속 핵심 단어 위주로 최대한 많이 타이핑

My brother came … moment …

2단계 빠진 단어 채워 넣기

두 번째 듣기에서는, 나머지 빠진 단어들을 집중하여 들으며 채워 넣기

My brother came back … moment ago.

3단계 마지막 체크하기

마지막 듣기에서는, 자신이 적은 문장을 체크하며 빠진 곳을 채워 넣는데, 전치사나 관사에 특별히 주의

My brother came back a moment ago.
제 형제가 조금 전에 돌아왔습니다.

전략 2 디테일도 놓치지 않는 듣기 포인트 익히기

연음처리 발음

듣기에서 가장 장애물이 되는 것은 연음처리 되는 발음입니다. 한 단어씩 듣기 또는 발음 연습을 하면 연음법을 익히지 못하기에, 단어를 연결하여 발음 연습합니다.

• 자음 + 모음

단어의 끝발음이 자음이고 뒤의 단어의 시작이 모음이라면 앞 자음 소리가 뒤의 모음 소리와 합쳐 집니다.

without you [위다우츄] → 자음 t가 뒤의 모음 y에 붙어 연음
it's easy [잇치지] → 자음 ts의 발음이 뒤의 모음 ea에 붙어 연음

• 비슷한 자음

앞 단어의 끝과 뒤의 단어의 시작이 비슷한 자음이라면 뒤에 나오는 자음 발음이 더 강해지기 때문에 앞 단어 끝 발음은 신경 쓰지 않아도 됩니다.

had trouble [핻 트러블] → 앞 단어의 끝인 d 발음은 거의 나지 않고 t 발음이 강하게 나는 연음
love France [럽 F뤤스] → 앞 단어의 끝인 v 발음은 거의 나지 않고 f 발음이 강하게 나는 연음

• 자음 3개 연속

이 경우는 예외의 경우도 있지만 보통 3개의 자음이 연속됐을 때에는 중간 자음이 탈락합니다.

directly [디렉리] → 연속 자음 ctl 중에 중간 자음인 t가 탈락되며 연음
handsome [핸썸] → 연속 자음 nds 중에 중간 자음인 d가 탈락되며 연음

• 모음 속 D나 T

이 패턴은 미국 영어의 특징입니다. 모음과 모음 사이에 d나 t가 있을 시 r 발음으로 바뀌게 됩니다.

a lot of [어라럽] → o 와 o 사이에 있는 t 발음이 r 발음으로 소리 나며 연음
put it in [푸리린] → u 와 i 사이의 t가 r 발음으로 소리, i 와 i 사이의 t도 r 발음으로 소리 나며 연음

관사 및 전치사 축약

관사나 전치사는 축약처리 되어 발음이 되기에, 단어와 단어 사이에 잘 들리지 않는 부분은 관사나 전치사일 가능성이 높습니다.

- an

  She bought an apple.
  그녀는 사과 하나를 샀습니다.

  He got an F in history.
  그는 역사에서 F를 받았습니다.

- at

  She doesn't like it at all.
  그녀는 그것을 전혀 좋아하지 않습니다.

  One at a time.
  한 번에 하나씩.

- in

  What's in it?
  안에 무엇이 있나요?

  He will be back in a minute.
  그는 곧 돌아올 겁니다.

- of

  Get out of here!
  여기서 나가요!

  It's kind of you.
  친절하시네요.

- to

  Way to go!
  잘했어!

  I told you to listen to her.
  그녀 말을 들으라고 말했는데요.

전략 3   목표 점수대별 Jenny쌤의 공부법 꿀팁

DET 100+ 달성 전략

• 직접 말하며 연습하기
– 정확한 발음으로 말하지 못한다면 절대 정확히 들을 수 없으므로 발음 교정에 집중하며 학습하기
– 많이 말해보며 영어 단어 발음의 패턴을 숙지하기

• 시간 맞춰 반복적인 연습하기
– 듣기 시간 포함 총 60초의 시간 제한이 있으므로 주어진 시간에 맞춰 쓰는 연습하기
– 한 문장을 끊어 들을 수 없기 때문에 제한된 횟수에 따라 문장을 통으로 듣고 이해하는 연습하기

• 스펠링 조심하기
– 받아쓰기에서 단어의 철자가 틀린다면 점수에 영향을 미치므로 스펠링을 정확히 쓰기
– 마지막 검토 시간에 다시 한번 스펠링 확인하기

DET 120+ 달성 전략

• 다양한 문장구조를 숙지하기
– 해석이 잘된다면 문장이 보다 쉽게 기억나기 때문에 연습 문제를 통해 다양한 문장 구조를 학습하기
– 들었던 단어들의 순서는 문장 구조 파악을 통해 쉽게 정렬할 수 있으므로 영문법 기초 실력 쌓기

• 기억력 지속시간을 늘리기
– 한 단어 혹은 두 단어씩에 집중하여 듣지 않도록 하기
– 긴 문장에 대비할 수 있게 여러 단어를 한 번에 기억하고 적는 습관 갖기

• 처음부터 완전한 단어로 적으려고 하지 않기
– 60초라는 시간 안에 완성하면 되므로, 처음 들을 때 단어를 완벽하게 적으려고 하지 않기
– 간략하게 축약형으로 최대한 여러 단어를 적은 후 나머지 철자는 나중에 채워 넣기

III. 기출 변형 문제 연습

1

1:00

Type the statement that you hear.

Your response

Number of replays left: 2

NEXT

◁)) DET_2

2

1:00

Type the statement that you hear.

Your response

Number of replays left: 2

NEXT

◁)) DET_3

3

1:00

Type the statement that you hear.

Your response

Number of replays left: 2

NEXT

DET_4

4

1:00

Type the statement that you hear.

Your response

Number of replays left: 2

NEXT

DET_5

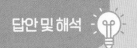

1

What is your preference?

당신이 선호하는 것은 무엇입니까?

2

I appreciate the opportunity to pursue a career within your firm.

귀사에서 경력을 추구할 수 있는 기회에 대해 감사드립니다.

3

I aim to focus on the negative impact of social media on teenagers and young adults.

나는 10대와 청년층에 대한 소셜 미디어의 부정적인 영향에 초점을 맞추는 것을 목표로 합니다.

4

Pilots are trained to respond swiftly to numerous potential problems.

조종사는 수많은 잠재적 문제에 신속하게 대응하도록 훈련받습니다.

어휘

preference 선호, 선호하는 것 **appreciate** 감사드리다, 고마워하다 **pursue a career** 경력을 추구하다 **firm** 회사 **aim** 목표로 하다 **negative** 부정적인 **impact** 영향 **social media** 소셜 미디어 **teenager** 10대 **pilot** 조종사 **train** 훈련하다 **respond** 대응하다 **swiftly** 신속하게 **numerous** 수많은 **potential** 잠재적인

SECTION

Interactive Reading

This section will have 2 reading passages. For each passage, you will have 7 or 8 minutes to answer 6 questions.

Interactive Reading

I. 출제 경향 분석

유형 핵심 정보
- 한 개의 제시문(지문)에 6개의 독해 문제 풀기 (각 개별 문제의 시간 제한은 없음)
- 문제 풀이 시간: 총 7분 또는 8분 (제시문 난이도에 따라 다름)
- 제시문 개수: 총 2개
  → 하나는 이야기(Narrative), 다른 하나는 설명문(Informative or Educational)
- 출제 순서: Mixed Language Skills 섹션 이후 출제

채점 항목
- 읽고 쓰기 능력 (Literacy)
- 읽고 듣기 능력 (Comprehension)

시험 진행
① Interactive Reading 섹션 시작을 알리는 화면이 30초 동안 나옴 (이 때, 제시문에 배정된 시간을 확인할 수 있음)

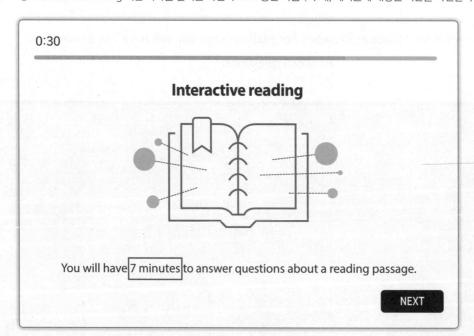

0:30

Interactive reading

You will have 7 minutes to answer questions about a reading passage.

NEXT

② Interactive Reading의 첫 번째 문제 유형, 문장 완성하기(Complete the Sentences)

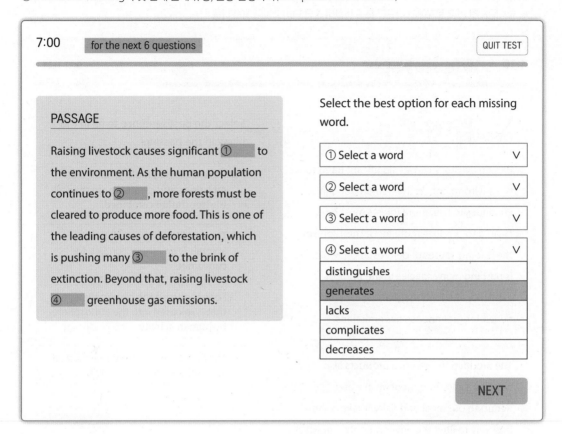

③ 두 번째 문제, 제시문 완성하기(Complete the Passage)

※ 제시문에 첫 번째 문제에서 나왔던 모든 빈칸이 정답 단어로 채워져서 나옴

PASSAGE

Raising livestock causes significant harm to the environment. As the human population continues to rise, more forests must be cleared to produce more food. This is one of the leading causes of deforestation, which is pushing many species to the brink of extinction. Beyond that, raising livestock generates greenhouse gas emissions.

The production of animal products also requires a vast amount of fresh water. Reducing our meat and dairy intake is the best way to limit the environmental impact of raising livestock.

Select the best sentence to fill in the blank in the passage.

- It is the second highest source of emissions and creates more than all transportation combined.

- The cruel treatment of livestock animals is an ethical concern for consumers.

- Forests absorb the carbon dioxide that is released into the atmosphere by human activity.

- The first animals were domesticated for food use around 10,000 B.C.

NEXT

④ 세 번째 문제, 정답 하이라이트하기(Highlight the Answer)
  ※ 제시문에 두 번째 문제에서 나왔던 빈칸이 정답 문장으로 채워져서 나옴

3:16   for the next 4 questions   QUIT TEST

PASSAGE

Raising livestock causes significant harm to the environment. As the human population continues to rise, more forests must be cleared to produce more food. This is one of the leading causes of deforestation, which is pushing many species to the brink of extinction. Beyond that, raising livestock generates greenhouse gas emissions. It is the second highest source of emissions and creates more than all transportation combined. The production of animal products also requires a vast amount of fresh water. Reducing our meat and dairy intake is the best way to limit the environmental impact of raising livestock.

Click and drag text to highlight the answer to the question below.

What is causing deforestation?

Highlight text in the passage to set an answer

NEXT

⑤ 네 번째 문제도, 정답 하이라이트하기(Highlight the Answer)

for the next 3 questions   QUIT TEST

PASSAGE

Raising livestock causes significant harm to the environment. As the human population continues to rise, more forests must be cleared to produce more food. This is one of the leading causes of deforestation, which is pushing many species to the brink of extinction. Beyond that, raising livestock generates greenhouse gas emissions. It is the second highest source of emissions and creates more than all transportation combined. The production of animal products also requires a vast amount of fresh water. Reducing our meat and dairy intake is the best way to limit the environmental impact of raising livestock.

Click and drag text to highlight the answer to the question below.

What effect does raising livestock have on fresh water?

Highlight text in the passage to set an answer

NEXT

⑥ 다섯 번째 문제로, 주제 찾기(Identify the Idea)

for the next 2 questions   QUIT TEST

PASSAGE

Raising livestock causes significant harm to the environment. As the human population continues to rise, more forests must be cleared to produce more food. This is one of the leading causes of deforestation, which is pushing many species to the brink of extinction. Beyond that, raising livestock generates greenhouse gas emissions. It is the second highest source of emissions and creates more than all transportation combined. The production of animal products also requires a vast amount of fresh water. Reducing our meat and dairy intake is the best way to limit the environmental impact of raising livestock.

Select the idea that is expressed in the passage.

- New food production methods are being explored to reduce the environmental impact of raising livestock.

- While raising livestock causes deforestation, agricultural practices reduce greenhouse gas emissions.

- Raising livestock damages the environment through harmful emissions and land and resource use.

- Veganism is the only way to limit the carbon footprint created by the production of animal products.

NEXT

⑦ 마지막 문제로, 제목 붙이기(Title the Passage)

1:00   for this question   QUIT TEST

PASSAGE

Raising livestock causes significant harm to the environment. As the human population continues to rise, more forests must be cleared to produce more food. This is one of the leading causes of deforestation, which is pushing many species to the brink of extinction. Beyond that, raising livestock generates greenhouse gas emissions. It is the second highest source of emissions and creates more than all transportation combined. The production of animal products also requires a vast amount of fresh water. Reducing our meat and dairy intake is the best way to limit the environmental impact of raising livestock.

Select the best title for the passage.

○ Progress Toward a Greener Environment

○ The Consequences of Deforestation

○ The Impact of Livestock on the Environment

○ Switching to a Vegan Diet

NEXT

II. 세부 문제 유형 분석

유형1 문장 완성하기(Complete the Sentences)

• 각 빈칸에 알맞은 최적의 단어(선택지) 고르기
• 선택지 개수: 보통 5개 (간혹 4개도 나옴)
• 문제 답변 시간: 3분(7개 이하 출제 시) 또는 4분(8개 이상 출제 시) 이내 할애
  ※ 보통 7개 이하 출제 시 총 문제 풀이 시간 7분, 그 이상은 8분이 주어짐
• 전략: 충분한 시간을 갖고 제시문을 읽고 정답을 다 선택 후 더블 체크하기
  ※ 기본적 어휘, 독해 및 문법 실력 기르기

예제

7:00   for the next 6 questions   QUIT TEST

PASSAGE

Raising livestock causes significant ①
[promotion/harm/help/research/nature] to
the environment. As the human population
continues to ② [rise/fulfill/consume/
enter/slide], more forests must be cleared
to produce more food. This is one of the
leading causes of deforestation, which is
pushing many ③ [areas/countries/species/
policies/people] to the brink of extinction.
Beyond that, raising livestock ④ [prevents/
generates/encounters/collects/includes]
greenhouse gas emissions.

Select the best option for each missing
word.

① Select a word	∨
② Select a word	∨
③ Select a word	∨
④ Select a word	∨

NEXT

해답

① harm   ② rise   ③ species   ④ generates

유형 2 제시문 완성하기(Complete the Passage)

- 제시문 빈칸에 들어갈 최적의 한 문장 고르기
- 선택지 개수: 보통 4개
- 문제 답변 시간: 1분 이내
- 전략: 이전 문제에서 파악한 내용을 바탕으로 빈칸 앞뒤 맥락에 맞는 문장 고르기
  → 빈칸 앞 뒤 문장 해석 잘하기! & 앞 뒤 문장 관계 확인하기!

예제

4:10 for the next 5 questions	QUIT TEST

PASSAGE

Raising livestock causes significant harm to the environment. As the human population continues to rise, more forests must be cleared to produce more food. This is one of the leading causes of deforestation, which is pushing many species to the brink of extinction. Beyond that, raising livestock generates greenhouse gas emissions.

_____

The production of animal products also requires a vast amount of fresh water. Reducing our meat and dairy intake is the best way to limit the environmental impact of raising livestock.

Select the best sentence to fill in the blank in the passage.

- ○ It is the second highest source of emissions and creates more than all transportation combined.

- ○ The cruel treatment of livestock animals is an ethical concern for consumers.

- ○ Forests absorb the carbon dioxide that is released into the atmosphere by human activity.

- ○ The first animals were domesticated for food use around 10,000 B.C.

NEXT

해답

(1) It is the second highest source of emissions and creates more than all transportation combined.

유형 3 정답 하이라이트하기(Highlight the Answer)

- 질문의 정답이 되는 부분을 제시문에서 하이라이트하여(클릭 후 드래그) 답변하기
- 정답 선택 범위: 정답과 관련된 부분만 선택 (너무 짧거나 광범위하지 않게)
- 문제 답변 시간: 30~50초
- 각 제시문에 세 번째, 네 번째 문제로 출제
- 전략: 이전 문제에서 파악한 내용과 질문의 키워드를 바탕으로 정답 찾기
  → 제시문은 물론 질문에 대한 제대로 된 이해 필요

예제

3:16　　for the next 4 questions　　　　　　　　　　　　QUIT TEST

PASSAGE

Raising livestock causes significant harm to the environment. As the human population continues to rise, more forests must be cleared to produce more food. This is one of the leading causes of deforestation, which is pushing many species to the brink of extinction. Beyond that, raising livestock generates greenhouse gas emissions. It is the second highest source of emissions and creates more than all transportation combined. The production of animal products also requires a vast amount of fresh water. Reducing our meat and dairy intake is the best way to limit the environmental impact of raising livestock.

Click and drag text to highlight the answer to the question below.

What is causing deforestation?

Highlight text in the passage to set an answer

NEXT

해답

As the human population continues to rise, more forests must be cleared to produce more food.

PASSAGE

Raising livestock causes significant harm to the environment. As the human population continues to rise, more forests must be cleared to produce more food. This is one of the leading causes of deforestation, which is pushing many species to the brink of extinction. Beyond that, raising livestock generates greenhouse gas emissions. It is the second highest source of emissions and creates more than all transportation combined. The production of animal products also requires a vast amount of fresh water. Reducing our meat and dairy intake is the best way to limit the environmental impact of raising livestock.

Click and drag text to highlight the answer to the question below.

What effect does raising livestock have on fresh water?

Highlight text in the passage to set an answer

NEXT

해답

The production of animal products also requires a vast amount of fresh water.

유형 4 주제 찾기(Identify the Idea)

• 제시문의 주제로 가장 적절한 선택지 고르기
• 선택지 개수: 보통 4개
• 문제 답변 시간: 약 30초
• 네 개의 선택지(각 한 문장) 중 제시문의 주장, 주제를 가장 잘 표현한 것 고르기
• 전략: 제시문의 전체적인 내용을 바탕으로 정답 고르기
  → 소거법 활용: 제시문 내용과 관련 없는 선택지부터 소거하여 정답 확률 높이기

예제

1:47   for the next 2 questions   QUIT TEST

PASSAGE

Raising livestock causes significant harm to the environment. As the human population continues to rise, more forests must be cleared to produce more food. This is one of the leading causes of deforestation, which is pushing many species to the brink of extinction. Beyond that, raising livestock generates greenhouse gas emissions. It is the second highest source of emissions and creates more than all transportation combined. The production of animal products also requires a vast amount of fresh water. Reducing our meat and dairy intake is the best way to limit the environmental impact of raising livestock.

Select the idea that is expressed in the passage.

○ New food production methods are being explored to reduce the environmental impact of raising livestock.

○ While raising livestock causes deforestation, agricultural practices reduce greenhouse gas emissions.

○ Raising livestock damages the environment through harmful emissions and land and resource use.

○ Veganism is the only way to limit the carbon footprint created by the production of animal products.

NEXT

해답

(3) Raising livestock damages the environment through harmful emissions and land and resource use.

유형 5   제목 붙이기(Title the Passage)

- 제시문의 제목으로 가장 적합한 선택지 고르기
- 선택지 개수: 보통 4개 (3개 나오는 경우도 있음)
- 문제 답변 시간: 약 30초
- 전략: 제시문의 전체적인 내용을 바탕으로 정답 고르기
  → 네 개의 선택지 중 제시문의 내용을 가장 잘 포괄하는 것 고르기 + 소거법 활용

예제

1:00   for this question   QUIT TEST

PASSAGE

Raising livestock causes significant harm to the environment. As the human population continues to rise, more forests must be cleared to produce more food. This is one of the leading causes of deforestation, which is pushing many species to the brink of extinction. Beyond that, raising livestock generates greenhouse gas emissions. It is the second highest source of emissions and creates more than all transportation combined. The production of animal products also requires a vast amount of fresh water. Reducing our meat and dairy intake is the best way to limit the environmental impact of raising livestock.

Select the best title for the passage.

- ○ Progress Toward a Greener Environment
- ○ The Consequences of Deforestation
- ○ The Impact of Livestock on the Environment
- ○ Switching to a Vegan Diet

NEXT

해답

(3) The Impact of Livestock on the Environment

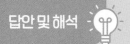

가축을 기르는 것은 환경에 상당한 ①해를 끼칩니다. 인구가 계속 ②증가함에 따라, 더 많은 식량을 생산하기 위해 더 많은 숲이 개간되어야 합니다. 이것은 많은 ③종들을 멸종 직전으로 몰아넣고 있는 삼림 파괴의 주요 원인들 중 하나입니다. 그 외에도, 가축을 기르는 것은 온실가스 배출을 ④발생시킵니다. 그것은 두 번째로 높은 배출원이고 모든 교통수단을 합친 것보다 더 많은 배출원을 창출합니다. 동물 제품의 생산은 또한 엄청난 양의 신선한 물을 필요로 합니다. 육류와 유제품 섭취를 줄이는 것은 가축 사육이 환경에 미치는 영향을 제한하는 가장 좋은 방법입니다.

문장 완성하기(Complete the Sentences)

① harm ② rise ③ species ④ generates

제시문 완성하기(Complete the Passage)

(1) 그것은 두 번째로 높은 배출원이고 모든 교통수단을 합친 것보다 더 많은 배출원을 창출합니다.

(2) 가축에 대한 잔인한 처우는 소비자들에게 윤리적 문제입니다.

(3) 숲은 인간의 활동에 의해 대기로 방출되는 이산화탄소를 흡수합니다.

(4) 첫 번째 동물들은 기원전 10,000년 경에 음식 사용을 위해 길들여졌습니다.

정답 하이라이트하기(Highlight the Answer)

[무엇이 삼림 파괴를 야기하고 있습니까?]
As the human population continues to rise, more forests must be cleared to produce more food.

[가축을 기르는 것이 신선한 물에 어떤 영향을 미칩니까?]
The production of animal products also requires a vast amount of fresh water.

주제 찾기(Identify the Idea)

(1) 가축 사육이 환경에 미치는 영향을 줄이기 위해 새로운 식량 생산 방법이 모색되고 있습니다.

(2) 가축을 기르는 것이 삼림 파괴를 유발하는 반면, 농사는 온실 가스 배출을 줄입니다.

(3) 가축을 기르는 것은 해로운 배출과 토지 및 자원 사용을 통해 환경을 손상시킵니다.

(4) 엄격한 채식주의는 동물 제품 생산에 의해 만들어지는 탄소 발자국을 제한하는 유일한 방법입니다.

제목 붙이기(Title the Passage)

(1) 더 친환경적인 환경을 향한 진척

(2) 삼림 파괴의 결과

(3) 가축이 환경에 미치는 영향

(4) 완전 채식주의 식단으로의 전환

III. 기출 변형 문제 연습

이야기(Narrative)

7:00   for the next 6 questions   QUIT TEST

PASSAGE

After running her restaurant for a few ① [week/years/day/long/ago], Clara felt that she needed to ② [bring/effort/focus/decide/go] more on treating her customers well. She ③ [created/placed/studied/hired/let] a customer service professional to train her employees so that they would be able to better ④ [serve/see/put/invite/call] patrons of the restaurant. Over several weeks, Clara's staff attended special ⑤ [workers/dishes/goals/interests/meetings] where they ⑥ [bought/developed/continued/brought/talked] their communication skills, patience, and ⑦ [pay/network/hours/respect/uniforms].

Select the best option for each missing word.

① Select a word   ∨

② Select a word   ∨

③ Select a word   ∨

④ Select a word   ∨

⑤ Select a word   ∨

⑥ Select a word   ∨

⑦ Select a word   ∨

NEXT

PASSAGE

After running her restaurant for a few years, Clara felt that she needed to focus more on treating her customers well. She hired a customer service professional to train her employees so that they would be able to better serve patrons of the restaurant. Over several weeks, Clara's staff attended special meetings where they developed their communication skills, patience, and respect.

_____

As the restaurant enjoyed more and more repeat business, Clara knew that she had made a wise business choice.

Select the best sentence to fill in the blank in the passage.

○ The restaurant workers were unable to treat customers well during busy dinner services.

○ They learned that customers were more likely to come back if they received exceptional service.

○ She spent time speaking with customers to learn more about their most common complaints.

○ Clara opened the restaurant in a crowded downtown area where there were many competitors.

NEXT

PASSAGE

After running her restaurant for a few years, Clara felt that she needed to focus more on treating her customers well. She hired a customer service professional to train her employees so that they would be able to better serve patrons of the restaurant. Over several weeks, Clara's staff attended special meetings where they developed their communication skills, patience, and respect. They learned that customers were more likely to come back if they received exceptional service. As the restaurant enjoyed more and more repeat business, Clara knew that she had made a wise business choice.

Click and drag text to highlight the answer to the question below.

What did Clara do to treat her customers better?

Highlight text in the passage to set an answer

NEXT

PASSAGE

After running her restaurant for a few years, Clara felt that she needed to focus more on treating her customers well. She hired a customer service professional to train her employees so that they would be able to better serve patrons of the restaurant. Over several weeks, Clara's staff attended special meetings where they developed their communication skills, patience, and respect. They learned that customers were more likely to come back if they received exceptional service. As the restaurant enjoyed more and more repeat business, Clara knew that she had made a wise business choice.

Click and drag text to highlight the answer to the question below.

What did Clara's employees learn in their customer service meetings?

Highlight text in the passage to set an answer

NEXT

PASSAGE

After running her restaurant for a few years, Clara felt that she needed to focus more on treating her customers well. She hired a customer service professional to train her employees so that they would be able to better serve patrons of the restaurant. Over several weeks, Clara's staff attended special meetings where they developed their communication skills, patience, and respect. They learned that customers were more likely to come back if they received exceptional service. As the restaurant enjoyed more and more repeat business, Clara knew that she had made a wise business choice.

Select the idea that is expressed in the passage.

○ Clara randomly hired a new employee at her restaurant who greatly improved customer service.

○ The biggest problem Clara had with her restaurant was the poor customer service skills of her employees.

○ Clara realized that improving customer service would be an effective way to improve her restaurant.

○ The work quality of Clara's employees improved after she agreed to increase their pay.

NEXT

for this question

PASSAGE

After running her restaurant for a few years, Clara felt that she needed to focus more on treating her customers well. She hired a customer service professional to train her employees so that they would be able to better serve patrons of the restaurant. Over several weeks, Clara's staff attended special meetings where they developed their communication skills, patience, and respect. They learned that customers were more likely to come back if they received exceptional service. As the restaurant enjoyed more and more repeat business, Clara knew that she had made a wise business choice.

Select the best title for the passage.

○ Training Tips for Restaurant Staff

○ Clara Improves her Restaurant

○ Common Restaurant Problems

○ Renovating a Restaurant

NEXT

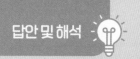
그녀의 레스토랑을 몇 ①년 동안 운영한 후, 클라라는 고객을 잘 대하는데 더 ②집중해야 한다고 느꼈습니다. 그녀는 고객 서비스 전문가를 ③고용하여 직원들이 레스토랑 고객들에게 더 나은 서비스를 ④제공할 수 있도록 교육했습니다. 몇 주에 걸쳐 클라라의 직원들은 특별한 ⑤회의에 참석하여 의사소통 기술, 인내심 및 ⑦존중을 ⑥발전했습니다. 그들은 고객들이 탁월한 서비스를 받으면 다시 돌아올 가능성이 더 높다는 사실을 배웠습니다. 레스토랑이 점점 더 영업을 거듭할수록 클라라는 그녀가 현명한 사업적 선택을 했다는 것을 알았습니다.

문장 완성하기(Complete the Sentences)

① years ② focus ③ hired ④ serve ⑤ meetings ⑥ developed ⑦ respect

제시문 완성하기(Complete the Passage)

(1) 식당 종원원들은 바쁜 저녁 식사 서비스 동안 손님들을 잘 대접할 수 없었습니다.

(2) 그들은 고객들이 탁월한 서비스를 받으면 다시 돌아올 가능성이 더 높다는 사실을 배웠습니다.

(3) 그녀는 가장 일반적인 불만 사항에 대해 자세히 알아보기 위해 고객과 이야기하는데 시간을 보냈습니다.

(4) 클라라는 경쟁자가 많은 번화가에 식당을 열었습니다.

정답 하이라이트하기(Highlight the Answer)

[클라라는 고객을 더 잘 대해주기 위해 무엇을 했습니까?]
She hired a customer service professional to train her employees so that they would be able to better serve patrons of the restaurant.

[클라라의 직원들은 고객 서비스 회의에서 무엇을 배웠습니까?]
They learned that customers were more likely to come back if they received exceptional service.

주제 찾기(Identify the Idea)

(1) 클라라는 고객 서비스를 크게 향상시킨 그녀의 레스토랑의 새로운 직원을 임의로 고용했습니다.

(2) 클라라가 그녀의 레스토랑에서 가졌던 가장 큰 문제는 그녀의 직원들의 형편없는 고객 서비스 기술이었습니다.

(3) 클라라는 고객 서비스를 개선하는 것이 그녀의 식당을 개선하는 효과적인 방법이라는 것을 깨달았습니다.

(4) 클라라가 급여 인상에 동의한 후 직원들의 업무의 질이 향상되었습니다.

제목 붙이기(Title the Passage)

(1) 레스토랑 직원을 위한 교육 팁

(2) 클라라가 그녀의 레스토랑을 개선하다

(3) 일반적인 레스토랑 문제

(4) 레스토랑을 수리하기

설명문(Informative or Educational)

7:00 for the next 6 questions QUIT TEST

PASSAGE

It looks like Canadian geese are ① [moving/ seeing/down/away/attracting] to the suburbs. More and more Americans and Canadians have noticed the noisy birds settling into golf courses, soccer fields, and backyards year-long. Typically, Canadian geese migrate ② [all/some/every/fast/ on] spring. They ③ [see/fly/over/long/ felt] more than 1,500 miles in their iconic V-formations to their nesting grounds in the sub-Arctic. However, this ④ [location/ research/behavior/management/emotion] is becoming less typical for several ⑤ [places/last/flocks/reasons/about]. For one thing, milder winters have made southern regions more hospitable to the ⑥ [residents/ suburbs/buildings/birds/flights].

Select the best option for each missing word.

① Select a word ∨

② Select a word ∨

③ Select a word ∨

④ Select a word ∨

⑤ Select a word ∨

⑥ Select a word ∨

NEXT

PASSAGE

It looks like Canadian geese are moving to the suburbs. More and more Americans and Canadians have noticed the noisy birds settling into golf courses, soccer fields, and backyards year-long. Typically, Canadian geese migrate every spring. They fly more than 1,500 miles in their iconic V-formations to their nesting grounds in the sub-Arctic. However, this behavior is becoming less typical for several reasons. For one thing, milder winters have made southern regions more hospitable to the birds.

_____

They offer plenty of food, access to bodies of water, and protection from both natural predators and hunters. In fact, geese that do not migrate have larger egg clutches and their chicks have longer lifespans.

Select the best sentence to fill in the blank in the passage.

- ○ Conservation efforts reintroduced captive geese across the northern United States.

- ○ The birds have also taken residence in Europe and New Zealand.

- ○ Many people complain about their aggressive nature.

- ○ In addition, suburban areas are ideal habitats for geese.

NEXT

PASSAGE

It looks like Canadian geese are moving to the suburbs. More and more Americans and Canadians have noticed the noisy birds settling into golf courses, soccer fields, and backyards year-long. Typically, Canadian geese migrate every spring. They fly more than 1,500 miles in their iconic V-formations to their nesting grounds in the sub-Arctic. However, this behavior is becoming less typical for several reasons. For one thing, milder winters have made southern regions more hospitable to the birds. In addition, suburban areas are ideal habitats for geese. They offer plenty of food, access to bodies of water, and protection from both natural predators and hunters. In fact, geese that do not migrate have larger egg clutches and their chicks have longer lifespans.

Click and drag text to highlight the answer to the question below.

What has made southern regions more suitable to Canadian geese?

Highlight text in the passage to set an answer

NEXT

PASSAGE

It looks like Canadian geese are moving to the suburbs. More and more Americans and Canadians have noticed the noisy birds settling into golf courses, soccer fields, and backyards year-long. Typically, Canadian geese migrate every spring. They fly more than 1,500 miles in their iconic V-formations to their nesting grounds in the sub-Arctic. However, this behavior is becoming less typical for several reasons. For one thing, milder winters have made southern regions more hospitable to the birds. In addition, suburban areas are ideal habitats for geese. They offer plenty of food, access to bodies of water, and protection from both natural predators and hunters. In fact, geese that do not migrate have larger egg clutches and their chicks have longer lifespans.

Click and drag text to highlight the answer to the question below.

What makes suburbs attractive places for Canadian geese to live?

> Highlight text in the passage to set an answer

NEXT

PASSAGE

It looks like Canadian geese are moving to the suburbs. More and more Americans and Canadians have noticed the noisy birds settling into golf courses, soccer fields, and backyards year-long. Typically, Canadian geese migrate every spring. They fly more than 1,500 miles in their iconic V-formations to their nesting grounds in the sub-Arctic. However, this behavior is becoming less typical for several reasons. For one thing, milder winters have made southern regions more hospitable to the birds. In addition, suburban areas are ideal habitats for geese. They offer plenty of food, access to bodies of water, and protection from both natural predators and hunters. In fact, geese that do not migrate have larger egg clutches and their chicks have longer lifespans.

Select the idea that is expressed in the passage.

○ The Arctic's changing climate has altered the migration patterns of Canadian geese.

○ Canadian geese are frequent nuisances to residents in American and Canadian suburbs.

○ Suburban areas are becoming the permanent homes of Canadian geese.

○ Canadian geese that do not migrate lay more eggs than those that do.

NEXT

PASSAGE

It looks like Canadian geese are moving to the suburbs. More and more Americans and Canadians have noticed the noisy birds settling into golf courses, soccer fields, and backyards year-long. Typically, Canadian geese migrate every spring. They fly more than 1,500 miles in their iconic V-formations to their nesting grounds in the sub-Arctic. However, this behavior is becoming less typical for several reasons. For one thing, milder winters have made southern regions more hospitable to the birds. In addition, suburban areas are ideal habitats for geese. They offer plenty of food, access to bodies of water, and protection from both natural predators and hunters. In fact, geese that do not migrate have larger egg clutches and their chicks have longer lifespans.

Select the best title for the passage.

- ○ Canadian Geese Settle into Suburban Life
- ○ Difficult Times for Canadian Geese
- ○ Geese Rebound from Edge of Extinction
- ○ How to Deal with Unwelcome Geese

NEXT

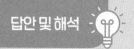

캐나다 거위들이 교외로 ①이동하는 것 같습니다. 점점 더 많은 미국인들과 캐나다인들은 시끄러운 새들이 일년 내내 골프장, 축구장, 그리고 뒷마당에 정착하는 것을 인지하였습니다. 일반적으로, 캐나다 거위들은 ②매 봄마다 이주합니다. 그들은 자신들의 상징적인 V-대형으로 북극에 가까운 보금자리까지 1,500 마일 이상을 ③날아갑니다. 하지만, 이러한 ④행동은 몇 가지 ⑤이유들로 인해 덜 일반적이게 되고 있습니다. 한 가지 이유로 따뜻해진 겨울은 남부 지역들을 ⑥새들에게 더 쾌적하게 만들었습니다. 게다가, 교외 지역들은 거위들에게 이상적인 서식지입니다. 교외 지역들은 많은 먹이, 수역 접근성, 그리고 천적들과 사냥꾼들로부터의 보호를 제공합니다. 사실, 이주하지 않는 거위들은 더 큰 알들을 가지며 그들의 새끼들은 더 긴 수명을 가지고 있습니다.

문장 완성하기 (Complete the Sentences)

① moving ② every ③ fly ④ behavior ⑤ reasons ⑥ birds

제시문 완성하기 (Complete the Passage)

(1) 보존 노력으로 미국 북부 전역에 포획된 거위들이 다시 유입되었습니다.

(2) 새들은 또한 유럽과 뉴질랜드에 정착했습니다.

(3) 많은 사람들은 그들의 공격적인 성향에 대해 불평합니다.

(4) 게다가, 교외 지역들은 거위에게 이상적인 서식지입니다.

정답 하이라이트하기 (Highlight the Answer)

[무엇이 남부 지역들을 거위들에게 더 적합하게 만들었습니까?]
milder winters have made southern regions more hospitable to the birds.

[무엇이 교외들을 캐나다 거위들이 살기에 매력적인 장소로 만듭니까?]
They offer plenty of food, access to bodies of water, and protection from both natural predators and hunters.

주제 찾기 (Identify the Idea)

(1) 북극의 변화하는 기후는 캐나다 거위들의 이동 패턴을 바꾸어 놓았습니다.

(2) 캐나다 거위들은 미국과 캐나다 교외 주민들에게 자주 폐를 끼칩니다.

(3) 교외 지역들은 캐나다 거위의 영구적인 고향이 되고 있습니다.

(4) 이주하지 않는 캐나다 거위들은 이주하는 거위들보다 더 많은 알을 낳습니다.

제목 붙이기 (Title the Passage)

(1) 캐나다 거위들이 교외 생활에 적응

(2) 캐나다 거위들의 어려운 시기

(3) 거위들이 멸종위기에서 되살아나다

(4) 달갑지 않은 거위들을 다루는 방법

SECTION

Interactive Listening

This section will have 2 conversations. For each conversation, you will have 4 minutes to select 5-7 conversation turns and 75 seconds to write a summary.

duolingo english test

Interactive Listening

I. 출제 경향 분석

유형 핵심 정보

- 문제 구성: 한 대화 세트가 다음의 두 가지 세부 유형으로 구성
  1) 듣고 답변하기(Listen and Respond): 보통 5문제 출제 (총 문제풀이 시간: 4분)
  2) 대화 요약하기(Summarize the Conversation): 1문제 (문제풀이 시간: 1분 15초)
- 대화 내용: 대학 프로그램(수업, 인턴십, 교환 학생 등)관련 묻고 답하기
  → 시험 응시생(여러분)은 대화에서 질문을 하는 역할
- 대화 종류: 총 2개
  1) 학생과 교수 간 대화
  2) 두 학생 간 대화
- 출제 순서: Interactive Reading 다음 출제

채점 항목

- 읽고 듣기 능력 (Comprehension) – 듣고 답변하기(Listen and Respond)
- 듣고 말하기 능력 (Conversation) – 듣고 답변하기(Listen and Respond)
- 쓰고 말하기 능력 (Production) – 대화 요약하기(Summarize the Conversation)
- 읽고 쓰기 능력 (Literacy) – 대화 요약하기(Summarize the Conversation)

시험 진행

① 대화 도입부: 캐릭터와 대화할 시나리오 소개 (바로 4분 타이머 작동)

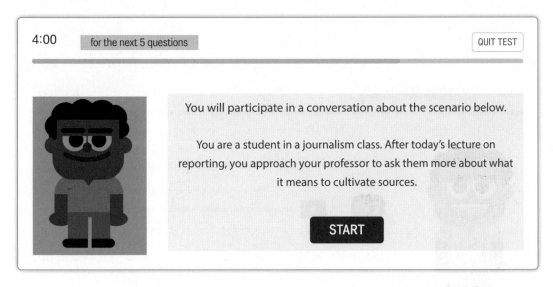

② 첫 문제로 보통 대화를 시작하기에 가장 좋은 말 선택 (Pick the best option to start the conversation.)
→ 반드시 출제되는 문제는 아님

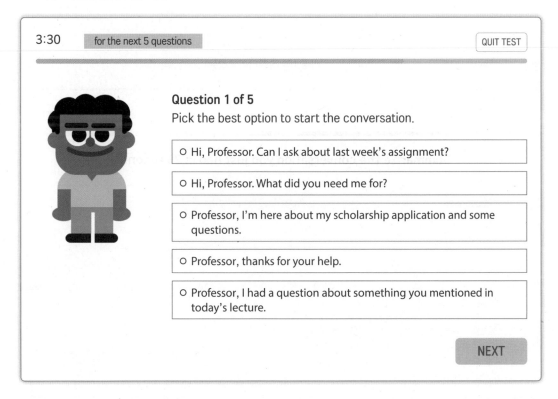

③ 음원을 듣고 가장 적절한 답변 선택 (Select the best response.)

　보통 5문제가 출제

　※ 음원은 한 번만 들을 수 있기에 집중하여 들을 것!

　※ 음원을 듣고 나면 보통 5개 선택지가 나옴

④ 듣고 답변하기가 모두 끝나고 대화 요약하기 작성 (바로 1분 15초 타이머 작동)

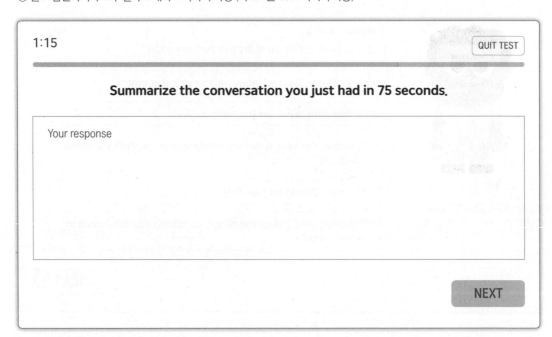

II. 세부 문제 유형 분석

유형1 　듣고 답변하기(Listen and Respond)

• 대화를 시작하기에 가장 좋은 말 또는 음원을 듣고 가장 적절한 답변 선택

• 선택지 개수: 보통 5개

• 문제 답변 시간: 총 5문제 4분

• 전략

　1) 빈출 대화 내용 숙지: 대학 교수 또는 친구에게 프로그램, 진로, 과목 선택 관련하여 조언을 얻는 빈출 대화 내용에 익숙하
　　면 대화 도입부 독해가 빨라지고, 이후 5문제를 풀 충분한 시간이 생김

　2) 소거법 활용: 대화와 상관없는 보기를 제거한 후 가장 알맞은, 남은 정답을 선택하는 소거법 활용

　　→ 대화 도입부를 제대로 독해하면 세부 내용이 조금씩 차이가 나는 오답을 제거할 수 있음

　3) 음원 집중: 음원을 한 번만 들을 수 있고, 음원을 들을 때는 시간이 흐르지 않기에, 침착하게 집중하여 음원을 듣기

예제

4:00 　　for the next 5 questions 　　　　　　　　　　　　　　　　　QUIT TEST

You will participate in a conversation about the scenario below.

You are a student in a journalism class. After today's lecture on reporting, you approach your professor to ask them more about what it means to cultivate sources.

Question 1 of 5
Pick the best option to start the conversation.

○ Hi, Professor. Can I ask about last week's assignment?

○ Hi, Professor. What did you need me for?

○ Professor, I'm here about my scholarship application and some questions.

○ Professor, thanks for your help.

○ Professor, I had a question about something you mentioned in today's lecture.

NEXT

해답

(5) Professor, I had a question about something you mentioned in today's lecture.

유형 2 대화 요약하기(Summarize the Conversation)

• 앞에서 풀어본 대화 내용을 타이핑을 치며 요약하기
• 문제 답변 시간: 1분 15초 (75초)
• 전략
  1) 바로 작성: 75초 답안 작성 시간이 부족하므로 문제를 읽지 않고 바로 답안을 작성하기
  2) 최소 세 문장: 대화 도입부 한 문장, 전체 대화 핵심 내용 한 문장, 결론(마무리) 한 문장으로 요약
  3) 미리 구상: Listen and Respond에서 시간이 남으면, 요약하기 문제를 대비하기 위해 대화 내용을 다시 살펴보고 어떤 내용을 적어야 할지 미리 구상

예제

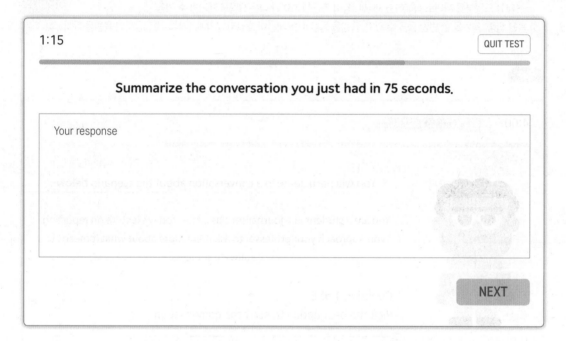

해답

I was speaking to my professor because I had difficulty understanding the concept of cultivating sources after his lecture. He explained that it is the process of building relationships with people who can provide reporters with valuable information. He also advised me to check out a website for more detailed information.

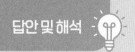

당신은 아래 주제에 대한 대화에 참여하게 됩니다.

당신은 저널리즘 수업을 듣는 학생입니다. 오늘 보도에 대한 강의가 끝난 후 교수님께
취재원 육성이 무엇을 의미하는지 자세히 물어보기 위해 교수님께 다가갑니다.

1. 대화를 시작하기에 가장 적합한 보기를 선택하십시오.

   (1) 안녕하세요, 교수님. 지난주 과제에 대해 문의드릴 수 있을까요?

   (2) 안녕하세요, 교수님. 제가 무슨 일로 필요하셨죠?

   (3) 교수님, 장학금 신청서와 몇 가지 질문이 있어서 찾아왔습니다.

   (4) 교수님, 도움 감사드립니다.

   (5) 안녕하세요, 교수님. 오늘 강의에서 언급하신 내용에 대해 질문이 있습니다.

방금 나눈 대화를 75초 안에 요약하십시오.

나는 교수님의 강의가 끝나고 취재원 육성의 개념을 이해하기 어려워서 교수님과 이야기를 나누고 있었습니다. 교수님은 취재
원 육성이란 기자에게 가치 있는 정보를 제공할 수 있는 사람들과의 관계를 구축하는 과정이라고 설명해주셨습니다. 또한 더
자세한 정보는 웹사이트를 찾아보라고 조언해 주셨습니다.

모범답안 분석

도입부 내용 한 문장: I was speaking to my professor because I had difficulty understanding the concept of
cultivating sources after his lecture.

대화 핵심 내용 한 문장: He explained that it is the process of building relationships with people who can provide
reporters with valuable information. (보통 듣고 답변하기 2~4번 문제 관련 내용)

결론/마무리 한 문장: He also advised me to check out a website for more detailed information. (보통 듣고 답변하
기 마지막 문제 관련 내용)

어휘

journalism 저널리즘, 언론계 reporting 보도 cultivate 육성하다 source 원천, 정보원, 자료 scholarship 장학금
application 신청 valuable 가치 있는, 귀중한

III. 기출 변형 문제 연습

학생과 교수 간 대화

You will participate in a conversation about the scenario below.

You are struggling with one of your classes, and you approach your professor to ask about ways in which you could improve your results this semester.

START

Question 1 of 5

Pick the best option to start the conversation.

- ○ Hi, Professor Walker. I really appreciate your help with my assignment last semester.

- ○ Excuse me, Professor Walker. Can you give me more details about the class schedule?

- ○ Hi, Professor Walker. Would it be possible to extend the deadline for the assignment?

- ○ Professor Walker, I was wondering if you could offer any tips on how to get a better grade.

- ○ Excuse me, Professor Walker. Have the results from our exams been announced yet?

NEXT

> Professor Walker, I was wondering if you could offer any tips on how to get a better grade.

Listen closely! You can only play the audio clips once.

🔊 DET_6

Question 2 of 5
Select the best response.

○ That's nice of you to say, but I think I could use some extra help.

○ The main problem I'm having is remembering the names of all the plant structures.

○ Exactly! The work this semester is a lot more complicated than the work we had last year.

○ I'm considering Biology because I love to learn about plants and various biological processes.

○ Yes, that's the topic that I've studied the hardest throughout the semester.

NEXT

 Well, there are a few things you could do. What area are you struggling in the most?

The main problem I'm having is remembering the names of all the plant structures.

🔊 DET_7

Question 3 of 5

Select the best response.

○ I really appreciate you loaning me that textbook. I promise to return it as soon as I'm finished with it.

○ Most of the exam was quite straightforward, but I admit there were a few questions that confused me.

○ I already borrowed all of them from the library, but I'm still having trouble. I need to try a new approach.

○ Well, if you are sure that it's okay, I would love to attend an additional class on the topic.

○ That's a good point. I suppose if I checked some of those websites, I'd gain a better understanding of plant biology.

NEXT

 I see. Yes, plant anatomy can be a very tricky topic. The first thing I would suggest is reading the textbooks on the recommended reading list for my class.

I already borrowed all of them from the library, but I'm still having trouble. I need to try a new approach.

◁)) DET_8

Question 4 of 5

Select the best response.

○ According to the study group schedule, students should meet in one of the meeting rooms in the library.

○ That's a great idea! That way, I could learn more and gain experience by actually working within the industry.

○ Thanks for the advice, but I don't think I'll have enough time in my schedule to get the essay finished on time.

○ I did think about that, but I don't know any of the other students very well, so I'm not confident enough to ask them.

○ It's definitely worth considering. I didn't realize that the presentation slides were available to all students.

NEXT

 In that case, have you considered forming a study group with some of your classmates? That could be really helpful.

I did think about that, but I don't know any of the other students very well, so I'm not confident enough to ask them.

🔊 DET_9

Question 5 of 5
Select the best response.

○ It was an excellent idea. I found it really informative and useful, and it really helped me to boost my grades.

○ I'll certainly do my best to meet that deadline. But would it be possible to have a couple of extra days, if necessary?

○ I'm glad to hear that! I think it would help a lot of us, not only with our grades, but also by giving us a chance to work together.

○ I'm afraid I wouldn't be able to attend the Wednesday session. Would it be possible to switch to Thursday instead?

○ Great! Most of the students worked together very well and communicated their ideas clearly. I'd certainly go to another one.

NEXT

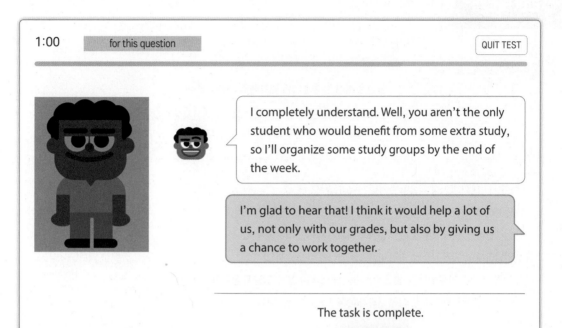

I completely understand. Well, you aren't the only student who would benefit from some extra study, so I'll organize some study groups by the end of the week.

I'm glad to hear that! I think it would help a lot of us, not only with our grades, but also by giving us a chance to work together.

The task is complete.

NEXT

1:15   QUIT TEST

Summarize the conversation you just had in 75 seconds.

Your response

NEXT

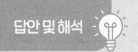

당신은 아래 주제에 대한 대화에 참여하게 됩니다.

당신은 수업에서 어려움을 겪고 있기에, 이번 학기 성적을 향상시킬 수 있는 방법에
대해 문의하기 위해 교수님께 다가갑니다.

1. 대화를 시작하기에 가장 적합한 보기를 선택하십시오.

　(1) 안녕하세요, 워커 교수님. 지난 학기 과제를 도와주셔서 정말 감사해요.

　(2) 실례합니다, 워커 교수님. 수업 일정에 대해 자세히 알려주실 수 있나요?

　(3) 안녕하세요, 워커 교수님. 과제 마감일을 연장할 수 있을까요?

　(4) 워커 교수님, 학점을 더 잘 받을 수 있는 팁을 알려주실 수 있을지 궁금합니다.

　(5) 실례합니다, 워커 교수님. 시험 결과가 아직 발표되지 않았나요?

(음원) 네, 학생이 할 수 있는 몇 가지 방법이 있습니다. 가장 어려움을 겪고 있는 분야는 무엇인가요?

2. 가장 적합한 응답을 선택하십시오.

　(1) 그렇게 말씀해 주셔서 감사하지만, 도움이 좀 더 필요할 것 같아요.

　(2) 제가 겪고 있는 가장 큰 문제는 모든 식물 구조의 이름을 기억하는 것입니다.

　(3) 맞아요! 이번 학기 과제는 작년에 했던 과제보다 훨씬 더 복잡해요.

　(4) 식물과 다양한 생물학적 과정에 대해 배우는 것을 좋아하기 때문에 생물학을 고려하고 있습니다.

　(5) 네, 제가 이번 학기 내내 가장 열심히 공부한 과목이에요.

(음원) 알겠습니다. 네, 식물 해부학은 매우 까다로운 주제일 수 있습니다. 우선 수업에 필요한 권장 도서 목록에 있는 교과서를
　　　읽어보는 것이 좋습니다.

3. 가장 적합한 응답을 선택하십시오.

　(1) 그 교과서를 빌려주셔서 정말 감사합니다. 다 읽으면 바로 반납할 것을 약속합니다.

　(2) 시험의 대부분은 매우 간단했지만, 몇 가지 혼란스러운 문제가 있었다는 것을 인정합니다.

　(3) 이미 도서관에서 모든 문제를 빌려왔는데도 여전히 어려움을 겪고 있습니다. 새로운 접근법을 시도해 봐야겠어요.

　(4) 괜찮으시다면 해당 주제에 대한 추가 수업에 참석하고 싶습니다.

　(5) 좋은 지적이네요. 그런 웹사이트를 찾아보면 식물 생물학에 대해 더 잘 이해할 수 있을 것 같아요.

(음원) 그런 경우라면, 같은 반 친구들끼리 스터디 그룹을 만들어보는 건 고려해봤나요? 정말 도움이 될 수 있습니다.

4. 가장 적합한 응답을 선택하십시오.

　(1) 스터디 그룹 일정에 따라, 학생들은 도서관에 있는 회의실 중 한곳에서 만나야 합니다.

　(2) 좋은 생각이네요! 그렇게 하면 업계에서 실제로 일하면서 더 많은 것을 배우고 경험을 쌓을 수 있을 것 같아요.

　(3) 조언은 고맙지만, 제 일정상 에세이를 제시간에 끝내기에는 시간이 부족할 것 같아요.

(4) 그런 생각은 해봤지만, 다른 학생들을 잘 알지 못해서 물어볼 자신이 없어요.

(5) 확실히 고려해 볼 만한 가치가 있습니다. 모든 학생이 프레젠테이션 슬라이드를 사용할 수 있다는 사실을 몰랐습니다.

(음원) 완전히 이해합니다. 추가 학습이 도움이 될 학생이 당신뿐만이 아니니, 이번 주말까지 스터디 그룹을 구성해 보겠습니다.

5. 가장 적합한 응답을 선택하십시오.

(1) 훌륭한 아이디어였습니다. 정말 유익하고 유용했으며 성적을 올리는 데 큰 도움이 되었습니다.

(2) 마감일을 지키기 위해 최선을 다할 것입니다. 하지만 필요하다면 며칠을 더 연장할 수 있을까요?

(3) 다행이네요! 성적뿐만 아니라 함께 할 수 있는 기회도 주어져서 많은 도움이 될 것 같아요.

(4) 수요일 세션에 참석할 수 없을 것 같습니다. 대신 목요일로 변경할 수 있을까요?

(5) 좋아요! 대부분의 학생들이 매우 잘 협력하고 자신의 아이디어를 명확하게 전달했습니다. 다음에도 꼭 참석하고 싶어요.

방금 나눈 대화를 75초 안에 요약하십시오.

나는 수업에 문제가 있어서 어떻게 하면 성적을 올릴 수 있을지 교수님과 이야기를 나누었습니다. 교수님은 추천 교재 몇 권을 읽어보라고 하셨지만, 이미 읽었는데도 여전히 문제가 있다고 말씀드렸습니다. 결국, 교수님은 학생들을 위한 스터디 그룹을 조직하겠다고 하셨습니다.

I was speaking with my professor because I was having problems in his class and wanted to find out how I could improve my grade. He suggested that I read some of the recommended textbooks, but I told him I had already done that and was still having problems. In the end, he said he would organize study groups for the students.

모범답안 분석

도입부 내용 한 문장: I was speaking with my professor because I was having problems in his class and wanted to find out how I could improve my grade.

대화 핵심 내용 한 문장: He suggested that I read some of the recommended textbooks, but I told him I had already done that and was still having problems.

결론/마무리 한 문장: In the end, he said he would organize study groups for the students.

어휘

struggle with ~에 어려움을 겪다 semester 학기 appreciate 고마워하다 assignment 과제 extend 연장하다 wonder 궁금해하다 grade 성적, 학점 structure 구조 complicated 복잡한 biological 생물학적인 anatomy 해부학 loan 빌려주다 straightforward 간단한 confuse 혼란스럽게 하다 form 만들다, 형성하다 confident 자신 있는 definitely 확실히 available 사용할 수 있는 completely 완전히 benefit 도움이 되다 boost 올리다

학생 간 대화

4:00   for the next 5 questions   QUIT TEST

You will participate in a conversation about the scenario below.

You are considering taking part in a student exchange program next semester, and you are discussing it with your friend.

START

3:30   for the next 5 questions   QUIT TEST

Listen closely! You can only play the audio clips once.

◁)) DET_10

Question 1 of 5
Select the best response.

○ Yeah, I'm really looking forward to our first semester, too.

○ Hey, when exactly are you planning to leave?

○ I'm thinking about studying overseas.

○ Yes, my final class of this semester is on Friday this week.

○ Actually, that's exactly what I'm planning to do.

NEXT

QUIT TEST

 So, do you have any plans for next semester?

I'm thinking about studying overseas.

DET_11

Question 2 of 5

Select the best response.

- That's what I heard, too. It's a shame there are no spaces left.

- Really? I'm a bit worried about living in a foreign country, though.

- I guess you're right. It would be very difficult to adapt to a new culture.

- Moving here to study was the best decision I've ever made.

- I am not sure about that. I would have to check my schedule.

NEXT

 That's a great idea! I wouldn't mind doing that as well.

Really? I'm a bit worried about living in a foreign country, though.

🔊 DET_12

Question 3 of 5
Select the best response.

○ You make a good point. It's not as expensive as I thought.

○ You're right. And it's a great chance to travel around a new country.

○ You're right. The professors there are highly regarded.

○ I agree. It's such an interesting subject to study.

○ Canada? That's amazing! I've always wanted to visit there.

NEXT

 Yeah, I know it's a really big step, but it would be such a rewarding experience. You'd get to meet a diverse range of people and learn about a different culture.

You're right. And it's a great chance to travel around a new country.

  ▶

◁)) DET_13

Question 4 of 5
Select the best response.

○ It's important that you choose a country that you already know a little about. Perhaps you could do some research online.

○ You're totally right. It really helped me to improve my language skills and make a lot of new friends overseas.

○ Yeah, but that's what I'm slightly afraid of. I'm worried that the language barrier will cause me so many problems, and I might not like any of the food.

○ Sure, I'd love it if you came with me! Once you've decided, please let me know and we can begin planning everything together.

○ You make it sound so appealing. I had no idea how many students took part in the exchange program each semester.

NEXT

 And you will have a great opportunity to learn a foreign language and try different foods.

Yeah, but that's what I'm slightly afraid of. I'm worried that the language barrier will cause me so many problems, and I might not like any of the food.

🔊 DET_14

Question 5 of 5
Select the best response.

○ That's a great tip. It would be really beneficial to chat with some of our classmates that studied overseas during the previous semester.

○ Perhaps you're right. It might not be the best idea for me and it might have a negative impact on my grades.

○ Okay, thanks for the advice. I'll read it over and try to figure out what the best travel options would be for me.

○ That's a pity. I was really looking forward to getting the opportunity to study somewhere other than my home country.

○ Well, since you enjoyed it so much yourself, I guess I'd be foolish not to give it a shot next year.

NEXT

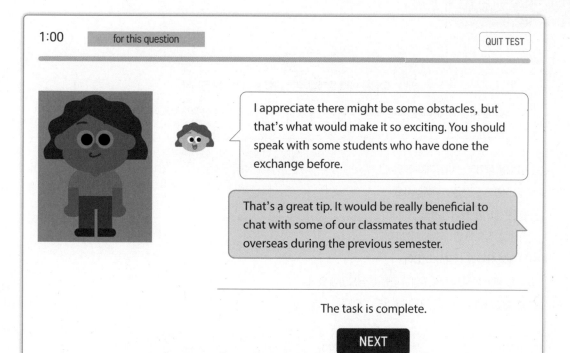

for this question

QUIT TEST

> I appreciate there might be some obstacles, but that's what would make it so exciting. You should speak with some students who have done the exchange before.

> That's a great tip. It would be really beneficial to chat with some of our classmates that studied overseas during the previous semester.

The task is complete.

NEXT

1:15

QUIT TEST

Summarize the conversation you just had in 75 seconds.

Your response

NEXT

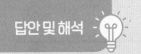
> **당신은 아래 주제에 대한 대화에 참여하게 됩니다.**
>
> 당신은 다음 학기에 교환 학생 프로그램에 참가할 것을 고려하고 있으며 친구와 이에 대해 논의하고 있습니다.

(음원) 다음 학기에는 어떤 계획이 있어?

1. 가장 적합한 응답을 선택하십시오.

   (1) 응, 나도 첫 학기가 정말 기대돼.

   (2) 안녕, 정확히 언제 떠날 계획이야?

   (3) 해외 유학을 생각하고 있어.

   (4) 응, 이번 학기 마지막 수업이 이번 주 금요일에 있어.

   (5) 사실, 그게 바로 내가 계획하고 있는 일이야.

(음원) 좋은 생각이야! 나도 그렇게 해도 괜찮을 것 같아.

2. 가장 적합한 응답을 선택하십시오.

   (1) 나도 그렇게 들었어. 자리가 없어서 아쉽네.

   (2) 정말? 하지만, 나는 외국에서 생활하는 것이 조금 걱정이 돼.

   (3) 네 말이 맞아. 새로운 문화에 적응하는 것은 매우 어려울 것이야.

   (4) 공부하기 위해 이곳으로 이사한 것은 내 인생 최고의 결정이었어.

   (5) 그건 잘 모르겠어. 내 일정을 확인해야 할 것 같아.

(음원) 응, 정말 큰 걸음이라는 것을 알지만, 정말 보람된 경험이 될 거야. 다양한 사람들을 만나고 다른 문화에 대해 배울 수 있어.

3. 가장 적합한 응답을 선택하십시오.

   (1) 좋은 지적이야. 생각보다 비싸지 않네.

   (2) 맞아. 그리고 새로운 나라를 여행할 수 있는 좋은 기회야.

   (3) 맞아. 그곳의 교수들은 높은 평가를 받고 있어.

   (4) 동의해. 공부하기에 정말 흥미로운 주제야.

   (5) 캐나다? 정말 멋지다! 항상 가보고 싶었던 곳이지.

(음원) 그리고 외국어를 배우고 다양한 음식을 맛볼 수 있는 좋은 기회가 될 거야.

4. 가장 적합한 응답을 선택하십시오.

   (1) 이미 어느 정도 알고 있는 국가를 선택하는 것이 중요해. 온라인에서 조사를 해볼 수도 있어.

   (2) 네 말이 맞아. 언어 실력을 향상하고 해외에서 새로운 친구들을 많이 사귀는 데 정말 도움이 되었어.

   (3) 응, 하지만 그게 조금 걱정되는 부분이야. 언어 장벽으로 인해 많은 문제가 생길까 봐 걱정되고 음식이 마음에 들지 않을 수도 있어.

(4) 그래, 나랑 같이 가 주면 좋지! 결정하면, 나에게 알려줘, 그럼 모든 계획을 같이 세울 수 있겠다.

(5) 정말 매력적으로 들려. 매 학기 얼마나 많은 학생들이 교환 프로그램에 참여하는지 몰랐어.

(음원) 몇 가지 장애물이 있을 수 있다는 점을 이해하지만, 그래서 더욱 흥미진진하게 만들지. 이전에 교환학생을 경험한 학생들과 이야기를 나눠봐.

5. 가장 적합한 응답을 선택하십시오.

(1) 좋은 조언이야. 이전 학기에 해외에서 공부한 학우들과 이야기를 나누면 정말 유익할 것 같아.

(2) 맞는 말인 것 같아. 나에게 가장 좋은 아이디어가 아닐 수도 있고 성적에 부정적인 영향을 미칠 수도 있어.

(3) 조언 고마워. 읽어보고 저에게 가장 적합한 여행 선택지들이 무엇인지 생각해 볼게.

(4) 안타깝네. 모국이 아닌 다른 곳에서 공부할 기회를 얻을 수 있기를 정말 기대했는데.

(5) 뭐, 너는 많이 즐겼다니 내년에 해보는 것도 나쁘지 않은 생각 같아.

방금 나눈 대화를 75초 안에 요약하십시오.

나는 다음 학기에 교환 학생 프로그램에 참가할 것에 대해 친구와 논의하였습니다. 친구는 좋은 생각이라고 생각했지만, 나는 음식이나 언어 같은 문제가 걱정이 됐습니다. 결국에, 비슷한 경험을 한 다른 학우들과 이야기를 나눠보기로 했습니다.

I was talking to my friend about studying overseas next semester as part of a student exchange program. She thought it would be a great idea, but I was concerned about problems like food and language. In the end, I decided to speak with other students who have done a similar thing.

모범답안 분석

도입부 내용 한 문장: I was talking to my friend about studying overseas next semester as part of a student exchange program.

대화 핵심 내용 한 문장: She thought it would be a great idea, but I was concerned about problems like food and language.

결론/마무리 한 문장: In the end, I decided to speak with other students who have done a similar thing.

어휘

take part in ~에 참가하다 student exchange program 교환 학생 프로그램 look forward to 기대하다 exactly 정확히 overseas 해외에 it's a shame 아쉽다 space 자리 foreign country 외국 adapt 적응하다 rewarding 보람된 barrier 장벽 appealing 매력적인 obstacle 쟁애물 exciting 흥미진진한 classmate 학우 option 선택지

SECTION

Writing

This section will have 4 writing questions: 3 Write About the Photo and 1 Interactive Writing.

It will take up to 11 minutes.

Write About the Photo

I. 출제 경향 분석

유형 핵심 정보
- 사진을 최소 한 문장 이상으로 묘사하기
- 문제 풀이 시간: 1분
- 3 문제 출제 (시험 후반부 Writing 섹션에서 출제)

채점 항목
- 읽고 쓰기 능력 (Literacy)
- 쓰고 말하기 능력 (Production)

시험 진행
① 화면에 사진이 뜨는 동시에 1분 타이머 작동

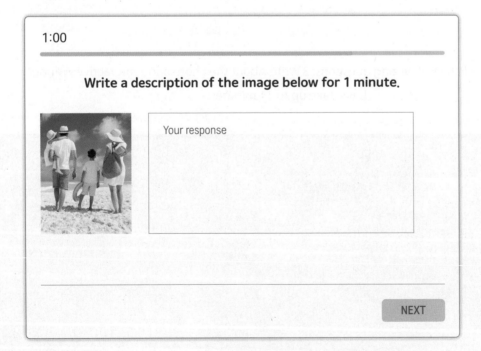

② 사진을 보며 주요 물체와 사람, 그리고 배경을 확인하여 한 문장 이상으로 작성

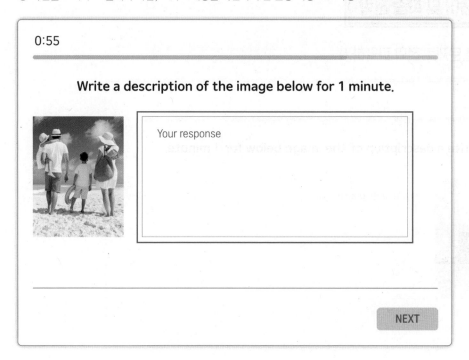

③ 작성완료 후 'NEXT' 버튼을 눌러 제출 (시간이 다 되면, 자동으로 제출)

II. 문제 풀이 및 학습 전략

전략1 기출 문제로 전략 파악하기

```
1:00
─────────────────────────────────

        Write a description of the image below for 1 minute.

  ┌──────────┐    ┌──────────────────────────────────┐
  │          │    │ Your response                      │
  │  [photo] │    │                                    │
  │          │    │                                    │
  │          │    │                                    │
  └──────────┘    └──────────────────────────────────┘


  ──────────────────────────────────────────────────

                                         ┌──────────┐
                                         │   NEXT   │
                                         └──────────┘
```

1단계 **사진 전반적인 그림 묘사 문장**

중심 인물/동물/사물 등을 통해 사진의 큰 그림을 묘사하는 첫 문장 작성

This is a photograph of **an old man and an old woman wearing a hat**.
이것은 모자를 쓰고 있는 남녀 노인의 사진입니다.

2단계 **구체적인 사진 묘사 문장**

사진 속 주인공의 행동/상태나 배경을 구체적으로 묘사하는 문장 1~2개 추가

In detail, they are leaning against each other's shoulders and looking towards the ocean.
자세히 보면, 서로의 어깨에 기대어 바다를 향해 보고 있습니다.

3단계 **마지막으로 문법/표현 체크**

This is a photograph of **an old man and an old woman wearing a hat**. In detail, **they are leaning against each other's shoulders and looking towards the blue ocean**.
이것은 모자를 쓰고 있는 남녀 노인의 사진입니다. 자세히 보면, 서로의 어깨에 기대어 파란 바다를 향해 보고 있습니다.

전략2 문제 유형에 꼭 필요한 표현법

사진 속 사물이나 사람 등을 설명할 가장 기본은 위치 설명입니다. 다양한 위치 설명 표현법들만 잘 숙지한다면 어떤 사진이 출제가 되더라도 1문장 이상으로 문장을 술술 작성할 수 있게 됩니다. 사진 속 핵심 사물 또는 사람이 사진의 중심 기준 어디에 있는지를 생각하여 표현을 활용합니다.

앞	in the foreground at the front	사진의 전경에는 앞쪽에는
뒤	in the background at the back	사진의 배경에는 뒤쪽에는
옆	next to right next to the left/right side	옆에는 바로 옆에는 왼쪽/오른쪽
추가표현	the (left/right/top/bottom) corner above below	(왼쪽/오른쪽/위쪽/아래쪽) 구석 위에는 아래에는

날씨 설명 표현

사진마다 특징적인 날씨가 있습니다. 하지만 기본적인 표현만으로는 다양한 날씨를 설명할 수가 없습니다. 아래의 다양한 날씨별 표현법을 숙지하여 사진을 최적의 어휘로 설명할 수 있게 연습합니다.

날씨 기본 문장	It looks like it is + 날씨 표현	~한 날씨로 보입니다
맑은/따뜻한 날씨	bright sunny warm with a clear sky	밝은 햇빛이 쨍쨍한 따뜻한 맑은 하늘이 있는
흐린/추운 날씨	cloudy foggy gloomy chilly bitterly cold	구름 낀 안개 낀 어둑어둑한 쌀쌀한 몹시 추운
비/눈 등	drizzling pouring snowing	비가 보슬보슬 내리는 비가 퍼붓는 듯한 눈이 내리는

대다수의 사진에 사람이 등장하므로 사람 묘사하는 다양한 표현을 숙지하는 것이 가장 중요합니다. 기본적인 표정, 나이, 옷차림, 행동 등 사람의 여러가지 특징을 찾아내어 정확하게 표현합니다.

사람 수	one person	1명
	several people	여러 명
	two/three/four people	2/3/4 명
	a group of people	한 무리의 사람들
	a crowd	군중
	[예문] This is a photograph of a group of people in front of a big gate.	이것은 큰 대문 앞에 있는 한 무리의 사람들을 찍은 사진입니다.

crowd

나이	young	어린
	old	나이가 많은
	infant	젖먹이 아기
	toddler	아장아장 걷는 유아
	child	어린이
	teenager	십대아이
	middle-aged	중년의
	in his/her (early/mid-/late) 20s/30s/40s/50s	20대/30대/40대/50대(초반/중반/후반)
	[예문] This is a photograph of a teenager and a woman in her late 40s.	이것은 10대와 40대 후반 여성의 사진입니다.

infant

toddler

표정	delighted	몹시 기쁜
	relaxed	편안한
	confused	혼란스러운
	exhausted	기진맥진한
	depressed	우울한
	frightened	놀란
	nervous	긴장한
	upset	속상한

[예문] This is a photograph of an upset child with her mother.

이것은 속상한 아이와 아이 엄마의 사진입니다.

depressed

upset

머리	short hair	짧은 머리
	long hair	긴 머리
	bald head	대머리
	wavy hair	웨이브진 머리
	curly hair	곱슬 머리
	straight hair	일자 머리
	spiky hair	삐죽삐죽한 머리
	in a bun	쪽 머리
	with braids	땋은 머리
	in a ponytail	긴 묶은 머리
	dark/blond(e)/gray hair	어두운/금색/은색(백발) 머리

[예문] In detail, the middle-aged man on the left side has short, curly hair.

자세히 보면, 왼쪽 중년 남성은 짧은 곱슬 머리를 가지고 있습니다.

braid

ponytail

옷차림	T-shirt	티셔츠
	shirt	셔츠
	cardigan	가디건
	sweater	스웨터
	coat	코트
	jacket	재킷(위에 걸치는 상의)
	pants	바지
	shorts	반바지
	dress	원피스
	skirt	치마
	shoes	신발
	boots	부츠
	tight/loose	꽉 낀/헐렁한
	long-sleeved/short-sleeved	긴팔/반팔

[예문] In detail, the toddler is wearing a short-sleeved T-shirt and blue shorts.

자세히 보면, 유아가 짧은 소매의 티셔츠와 파란 반바지를 입고 있습니다.

cardigan

short-sleeved shirt

행동	walking/jogging/running/driving/riding	걷는/조깅하는/달리는/운전하는/타는
	chatting with (sb)/having a discussion with (sb)/laughing/having a good time	~와 이야기하는/~와 논의하는/웃는/행복한 시간을 보내는
	standing still/lying down/sitting on + 장소	~에 가만히 서 있는/누워 있는/앉아 있는

[예문] In detail, the teenagers are chatting with one another while sitting on a bench.

자세히 보면, 십대아이들은 서로 얘기하며 벤치에 앉아 있습니다.

standing still

lying down

전략 3   목표 점수대별 Jenny쌤의 공부법 꿀팁

DET 100+ 달성 전략

• 적어도 두 문장으로 묘사하기

– 적어도 두 문장 정도는 작성할 수 있게 연습하기

– 사진 속 가장 눈에 띄는 대상의 설명 문장 하나와 배경 설명 하나로도 가능

• 사진 묘사 문장 표현을 암기하기

– 묘사할 때 사용하는 표현을 숙지하여 문장의 시작이 어렵지 않게 연습하기

– 기본 문장 구조를 기계적으로 작성할 수 있어야 60초라는 제한시간 안에 나머지 묘사 표현들을 생각해내어 작성할 수 있음

DET 120+ 달성 전략

• 세 문장 이상으로 묘사하기

– 고득점으로 갈수록 기본적인 사람 또는 사물의 나열 보다는 구체적인 설명이 중요

– 배경 설명, 눈에 띄는 대상 설명 그리고 그 대상의 행동이나 특징을 구체적으로 설명하는 문장까지 세 문장 이상으로 묘사하기

• 형용사와 부사 활용하기

– 다양한 어휘를 보여줄 수 있게 형용사와 부사의 사용으로 내용을 더 꾸며 주기

– 어휘의 폭을 넓힐 수 있게 형용사와 부사의 유의어도 함께 암기하기

1

1:00

Write a description of the image below for 1 minute.

Your response

NEXT

2

1:00

Write a description of the image below for 1 minute.

Your response

NEXT

1

This is a photograph of **a tall woman wearing a blue winter coat.** In detail, **she is standing still.** In the background, **there are several trees and brick buildings.**

이것은 파란색 겨울 코트를 입고 있는 키가 큰 여성의 사진입니다. 자세히 보면, 그녀는 가만히 서 있습니다. 배경에는, 여러 나무와 벽돌 건물들이 있습니다.

어휘

stand still 가만히 서 있다 brick 벽돌

2

This is a photograph of **a young child with braids and a small orange cat.** In detail, **she is writing something in a book with a pencil.** In front of her, **the cat is staring down at her book to see what she is writing.**

이것은 머리를 땋은 소녀와 작은 주황색 고양이의 사진입니다. 자세히 보면, 그녀는 연필로 책에 무언가를 쓰고 있습니다. 그녀 앞에는, 그녀가 무엇을 쓰고 있는지 보기 위해 고양이가 그녀의 책을 내려다보고 있습니다.

어휘

with braids 머리를 땋은 stare down 내려다보다

Interactive Writing

I. 출제 경향 분석

유형 핵심 정보
• 화면의 첫 번째 질문에 답변 작성 후, 후속 질문에 답변 작성
• 준비시간: 30초
• 문제 답변 시간: 8분(5분+3분)
• 한 문제 출제 (Interactive Writing 한 문제 안에 2개의 질문)

채점 항목
• 읽고 쓰기 능력 (Literacy)
• 쓰고 말하기 능력 (Production)

시험 진행
① 화면에 질문이 등장하면서 30초 문제 읽을 시간이 주어짐

0:30

Prepare to write about the topic below.

You will have 5 minutes to write. Then, you will write a follow up response for 3 minutes.

> Describe a time you were pleasantly surprised.
>
> What happened?

CONTINUE

---

② 최소 3분, 최대 5분 동안 질문에 대한 답변을 작성 (워드나 한글 프로그램처럼 철자나 문법 체크는 따로 되지 않으니 스스로 철자나 문법에 유의할 것)

5:00

❶ **Write about the topic below for 5 minutes.** ❷ **Write a follow-up response for 3 minutes.**

Describe a time you were pleasantly surprised. What happened?

> Your response

[CONTINUE AFTER 3 MINUTES]

---

③ 최소 1분 이상, 최대 3분 동안 후속 질문에 대한 답변을 작성

3:00

✅ **Write about the topic below for 5 minutes.** ❷ **Write a follow-up response for 3 minutes.**

Describe a time you were pleasantly surprised. What happened?

How did this event change the way you think about the person involved?

> I was recently surprised by my brother. We hadn't seen each other in nearly two years, which was far too long. Then, one day this summer, I heard a knock on my door. When I opened it, my brother was standing there, smiling. I had no idea he was coming.

> Your response

[CONTINUE AFTER 1 MINUTE]

II. 문제 풀이 및 학습 전략

전략1 기출 문제로 전략 파악하기

1단계 준비 시간 동안 질문 유형 파악하기

다음의 세 가지 질문 유형 중 어떠한 질문 유형인지 파악하기

① 경험쓰기: 나의 과거 경험담 서술
② 서술하기: 질문 받은 포인트를 명확하게 서술
③ 주장하기: 질문 속 상황에 대한 나의 의견 주장

5:00

❶ **Write about the topic below for 5 minutes.** ❷ **Write a follow-up response for 3 minutes.**

Would you rather attend a job interview in person or by using video conferencing software at home? Why? Give specific reasons for your answer.

> Your response

CONTINUE AFTER 3 MINUTES

Would you rather attend a job interview in person or by using video conferencing software at home? Why? Give specific reasons for your answer.

→ 주장하기 유형

당신은 면접에 직접 참석하시겠습니까, 아니면 집에서 화상 회의 소프트웨어를 사용하여 참석하시겠습니까? 그 이유는 무엇입니까? 답변에 대한 구체적인 이유를 제시하세요.

답변 작성하기

주제문(topic sentence) + 근거(supporting ideas) 또는 예시(example) 문장들 + 결론 문장(concluding sentence)의 체계적인 구성으로 5분의 시간을 전부 활용하여 답변 작성하기(50~100 단어)

In my perspective, it is more beneficial to **attend a job interview by using video conferencing software at home.** The main reason is that **it is less stressful as an interviewee.** Usually, people feel a lot of pressure when being in an environment where the interviewer is asking questions directly in person. However, **if I am being interviewed through video conferencing software, I can feel more relaxed when answering questions.** To conclude, **even though both options may have their advantages, I think that attending a job interview by using video conferencing software is a better option for me.**

제 관점으로는, 집에서 화상 회의 소프트웨어를 사용하여 면접에 참석하는 것이 더 유리합니다. 가장 큰 이유는 면접 대상자로서 스트레스를 덜 받기 때문입니다. 일반적으로 사람들은 면접관이 직접 대면하여 질문하는 환경에서는 많은 부담을 느끼기 마련입니다. 하지만 화상 회의 소프트웨어를 통해 면접을 보면 질문에 답할 때 좀 더 편안함을 느낄 수 있습니다. 결론적으로 두 가지 옵션 모두 장점이 있지만 화상 회의 소프트웨어를 사용하여 면접에 참석하는 것이 저에게는 더 나은 선택이라고 생각합니다.

후속 질문에 맞게 답변하기

오프토픽(off-topic)에 유의하여 후속 질문을 제대로 파악한 후 3분의 시간을 전부 활용하여 답안 작성하기(30~50 단어)

3:00

---

① Write about the topic below for 5 minutes.

Would you rather attend a job interview in person or by using video conferencing software at home? Why? Give specific reasons for your answer.

> In my perspective, it is more beneficial to attend a job interview by using video conferencing software at home. The main reason is that it is less stressful as an interviewee. Usually, people feel a lot of pressure when being in an environment where the interviewer is asking questions directly in person. However, if I am being interviewed through video conferencing software, I can feel more relaxed when answering questions. To conclude, even though both options may have their advantages, I think that attending a job interview by using video conferencing software is a better option for me.

❷ Write a follow-up response for 3 minutes.

Describe a previous interview experience. What were the outcomes and lessons from this experience?

Your response

CONTINUE AFTER 1 MINUTE

Describe a previous interview experience. What were the outcomes and lessons from this experience?

→ 경험쓰기 유형

이전 면접 경험에 대해 설명해 주세요. 이 경험에서 얻은 결과와 교훈은 무엇입니까?

I was scheduled for an interview at a media company. I prepared my answers to common interview questions and made sure to research the company. However, I was so nervous that I forgot everything. I failed the interview, but I learned that I should practice the interview with someone.

저는 미디어 회사에서 면접이 예정되어 있었습니다. 자주 묻는 면접 질문에 대한 답변을 준비하고 회사에 대한 조사도 꼼꼼히 했습니다. 그렇지만, 너무 긴장해서 모든 것을 잊어버렸습니다. 면접은 떨어졌지만, 저는 누군가와 면접 연습을 해야 한다는 것을 배웠습니다.

전략 2 영어 글쓰기 고득점 전략법

질문 파악하기

질문은 보통 다음의 3가지 유형으로 나옵니다.

- **경험쓰기:** 나의 과거 경험담 서술

  [예제] Describe a stressful situation that you managed to get through.
  What happened? How did you handle the situation?

  ★ 이 질문의 경우, 나의 과거 해당 상황 묘사와 그 해결 방법을 구체적으로 서술

- **서술하기:** 질문 받은 포인트를 명확하게 서술

  [예제] What are some ways that you get ready for a big exam?

  ★ 이 질문의 경우, 시험 준비 방법 서술

- **주장하기:** 질문 속 상황에 대한 나의 의견 주장

  [예제] We are often pressured to do things others want us to do, even though we do not want to.
  Do you agree or disagree? Why?

  ★ 이 질문의 경우, 해당 명제에 대한 나의 생각을 근거와 함께 주장

질문 유형별 시작 문장

시작 문장이 매끄러워야 더욱 좋은 점수를 받을 수 있는데 질문 유형에 따라 조금씩 차이가 있습니다.

- **경험쓰기**
  - Many people face a situation where 상황. In my case, 나의 경험 묘사.
  - It is easy to encounter a situation where 상황. I also have a similar personal experience that happened a few years ago.

- **서술하기**
  - There are several 질문 속 키워드. However, in my view, 나의 포인트 나열.
  - These days, 질문 속 키워드. The two most prominent ways/factors/implications are 나의 포인트 나열.

- **주장하기**
  - In my perspective, it is more beneficial to 선택. The main reason is that 이유.
  - I strongly agree/disagree with the statement that 명제.
  - Some people might prefer to 다른 선택. However, it is undeniable that 나의 선택.

연결어(Linking Words)

- 추가 정보: also, moreover, furthermore, additionally, in addition
- 예시: for example, for instance, particularly, in particular
- 비교/대조: likewise, in the same way, however, in contrast, on (the) one hand – on the other hand
- 결론: therefore, in conclusion, to conclude, for this reason

전략 3　목표 점수대별 Jenny쌤의 공부법 꿀팁

DET 100+ 달성 전략

• 주제에서 벗어나지 않기(오프토픽 주의)
 – 질문 의도에 맞게 답변하기 위해, 답안을 작성하면서도 질문을 반복하여 읽기
 – 이유 또는 뒷받침 내용 작성 시 질문 속 키워드 활용하기

• 기본 문법/철자 체크하기
 – 단어를 암기할 때도 정확한 철자를 함께 암기하고 항상 검토하는 습관 갖기
 – 자신이 자주하는 문법 실수 TOP 3를 정리하여 고치기

• 첫 번째 질문에 대한 답변으로 50 단어 이상 채우기
 – 최소 단어 수는 채울 수 있게 두 가지 이유 브레인스토밍
 – 교재 속에 등장하는 글쓰기에 사용되는 기본 표현들을 잘 암기하여 단어 수를 쉽게 채우기

DET 120+ 달성 전략

• 다양한 표현 활용하기
 – 어려운 단어보다는 다양한 단어/표현들을 사용하는 데 집중
 – 질문에 나오는 단어 또는 표현을 반복해서 사용하지 않기

• 최대한 길게 작성하기
 – 길게 작성할수록 고득점을 얻을 수 있으므로 내용을 풀어서 브레인스토밍 하는 연습하기
 – 한 포인트 당 3~4문장씩 작성하는 연습하기

• 예시 추가하기
 – 뒷받침하는 설명만 작성하지 않고 예시까지 덧붙여 더 구체적으로 나의 논리/설명 전달하기
 – 연구결과 또는 경험을 예시로 작성하는 연습하기

III. 기출 변형 문제 연습

1

5:00

❶ **Write about the topic below for 5 minutes.** ❷ Write a follow-up response for 3 minutes.

Describe a time when you made a life-altering choice. Why did you make that choice? Give specific details for your answer.

Your response

CONTINUE AFTER 3 MINUTES

3:00

✅ Write about the topic below for 5 minutes. ❷ **Write a follow-up response for 3 minutes.**

Describe a time when you made a life-altering choice. Why did you make that choice? Give specific details for your answer.

Your response

What would your life have been like if you had made a different decision at the time?

Your response

CONTINUE AFTER 1 MINUTE

5:00

❶ **Write about the topic below for 5 minutes.**   ❷ Write a follow-up response for 3 minutes.

What is a communication skill that can help
people from different cultures communicate
with each other?

Your response

CONTINUE AFTER 3 MINUTES

3:00

✓ **Write about the topic below for 5 minutes.**   ❷ **Write a follow-up response for 3 minutes.**

What is a communication skill that can help
people from different cultures communicate
with each other?

Explore how someone's language
proficiency influence their communication
with people from different cultures.

Your response

Your response

CONTINUE AFTER 1 MINUTE

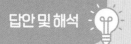

1

Describe a time when you made a life-altering choice. Why did you make that choice? Give specific details for your answer.

당신이 인생을 바꿀 만한 선택을 했던 순간에 대해 설명해 주세요. 왜 그런 선택을 했습니까? 답변에 대한 구체적인 세부 사항을 제시하세요.

Many people face a situation where they have to make a choice that can impact their life significantly. In my case, it was whether to continue studying law in university or change my major to graphic design. Even though becoming a lawyer was appealing, it was difficult for me to understand and memorize all the laws. Additionally, I disliked public speaking and participating in debates. In contrast, the creativity involved in graphic design felt like a better fit for me. Therefore, deciding to change my major was a life-altering yet wise decision for me.

많은 사람들이 인생에 상당히 크게 영향을 미칠 수 있는 선택을 해야 하는 상황에 직면합니다. 제 경우에는 대학에서 법학을 계속 공부할지, 아니면 그래픽 디자인으로 전공을 바꿀지 결정해야 했습니다. 법조인이 되는 것이 매력적이긴 했지만 모든 법을 이해하고 암기하는 것이 어려웠습니다. 게다가 대중 앞에서 말하거나 토론에 참여하는 것도 싫었습니다. 반면에 그래픽 디자인에 관련된 창의성은 저에게 더 잘 맞는 것 같았습니다. 따라서 전공을 바꾸기로 결정한 것은 제 인생을 바꾸면서도 현명한 결정이었습니다.

What would your life have been like if you had made a different decision at the time?

당시 다른 결정을 내렸다면 당신의 삶은 어떻게 달라졌을까요?

If I had made a different decision to remain as a law major, I would have lived a completely different life. I believe I would have struggled to graduate and get a job as a lawyer. Even if I had managed to become a lawyer, I doubt I would have enjoyed it.

만약 제가 법학을 계속 전공하기로 다른 결정을 내렸다면 완전히 다른 삶을 살았을 것입니다. 졸업하고 변호사로 취직하는 데 어려움을 겪었을 거라고 생각합니다. 설사 변호사가 되었다고 해도 그 일을 즐기지 못했을 것 같습니다.

어휘

life-altering 인생을 바꾸는 significantly 상당히 크게 major 전공 appealing 매력적인 public speaking 대중 앞에서 말하기 participate in ~에 참여하다 debate 토론 creativity 창의성 a better fit 더 잘 맞음 remain 계속하다, 남다, 남아 있다 completely 완전히 struggle 어려움을 겪다 graduate 졸업하다 manage to 그럭저럭(간신히) ~하다 doubt 의심하다

What is a communication skill that can help people from different cultures communicate with each other?

서로 다른 문화권의 사람들이 서로 소통하는 데 도움이 될 수 있는 커뮤니케이션 기술에는 어떤 것이 있습니까?

There are several communication skills that can help people from different cultures communicate with each other. In my view, the most useful communication skill is being an active listener. Being an active listener means paying full attention to the speaker and understanding their thoughts and feelings. This is especially important when talking to someone from a different culture since it can prevent any misunderstanding that might come from cultural differences. Moreover, you can learn valuable things about the other person's background, values, and perspectives. For this reason, active listening is an essential skill for intercultural communication.

서로 다른 문화권의 사람들이 서로 소통하는 데 도움이 되는 몇 가지 커뮤니케이션 기술이 있습니다. 제 생각에 가장 유용한 커뮤니케이션 기술은 적극적인 경청자가 되는 것입니다. 적극적인 경청자가 되는 것은 말하는 사람에게 온전히 주의를 기울이고 그들의 생각과 감정을 이해하는 것을 의미합니다. 이는 다른 문화권의 사람과 대화할 때 특히 중요한데, 문화적 차이에서 오는 오해를 예방할 수 있기 때문입니다. 또한 상대방의 배경, 가치관, 관점에 대한 귀중한 정보를 배울 수 있습니다. 이러한 이유로 적극적 경청은 문화 간 커뮤니케이션에 필수적인 기술입니다.

Explore how someone's language proficiency influences their communication with people from different cultures.

언어 능력이 다른 문화권의 사람들과 소통하는 데 어떤 영향을 미치는지 살펴보세요.

If a person is proficient in a commonly spoken language, such as English, they will encounter fewer language barriers. This will make it easier for them to communicate effectively with others. In contrast, a person who does not know a second language may have to communicate only through gestures.

영어와 같이 일반적으로 사용되는 언어에 능통한 사람은 언어 장벽에 부딪히는 일이 줄어듭니다. 따라서 다른 사람들과 효과적으로 의사소통하기가 더 쉬워집니다. 반대로 제2언어를 모르는 사람은 제스처를 통해서만 의사소통을 해야 할 수도 있습니다.

어휘

pay full attention to ~에 온전히 주의를 기울이다 prevent 예방하다, 막다 background 배경 value 가치관 perspective 관점 essential 필수적인 intercultural 문화 간 proficient 능통한 encounter 부딪히다, 만나다 language barrier 언어 장벽 effectively 효과적으로 second language 제2언어

SECTION

Speaking

This section will have 4 speaking questions. For each question, you will have 20 seconds to prepare and 90 seconds to respond.

duolingo english test

Listen, Then Speak

I. 출제 경향 분석

유형 핵심 정보

- 문제 듣고 답변 녹음하기
- 답변 준비 시간: 20초
- 문제 답변 시간: 30초~1분30초
- 두 문제 출제 (스피킹 섹션 4문제 중 첫 번째와 마지막 문제로 출제)

채점 항목

- 듣고 말하기 능력 (Conversation)
- 쓰고 말하기 능력 (Production)

시험 진행

① 화면에 20초 준비시간 타이머 작동하며 바로 질문이 들림

0:20

Prepare to speak about the topic below.

You will have 90 seconds to speak.

Number of replays left: 2

RECORD NOW

② 스피커 모양의 재생 버튼을 눌러 질문을 두 번 더 들으며 대답할 내용 준비

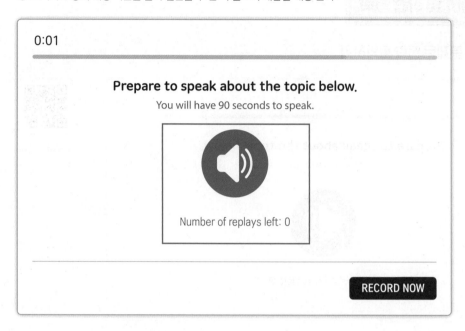

③ 20초 준비시간 후 자동 녹음 진행되며, 30초 녹음시간이 지나면 'NEXT' 버튼을 눌러 답변 제출 가능 (최대 1분 30초 답변)

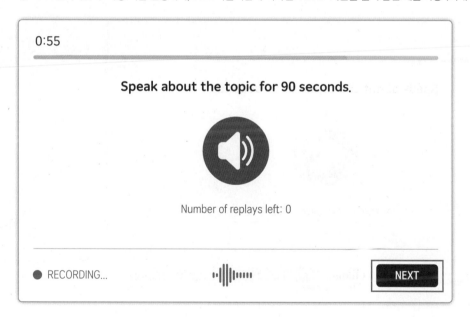

전략1 기출 문제로 전략 파악하기

0:20

Prepare to speak about the topic below.
You will have 90 seconds to speak.

Number of replays left: 2

RECORD NOW

◁)) DET_15

1:30

Speak about the topic for 90 seconds.

Number of replays left: 0

● RECORDING... ⑾⑾⑾ YOU CAN CONTINUE AFTER 30 SECONDS

1단계 질문의 키워드를 빠르게 찾아내기

질문을 세 번 들으며 질문의 키워드 찾기

① 첫 번째 듣기: someone older
② 두 번째 듣기: someone older – you admire
③ 세 번째 듣기: someone older – you admire – how long known and why

[질문] **Think about someone older than you that you admire. How long have you known this person? And why do you admire this person?**

당신이 존경하면서 당신보다 나이가 많은 누군가를 생각해 보십시오. 얼마나 오랫동안 이 사람을 알고 지냈습니까? 그리고 왜 이 사람을 존경합니까?

2단계 빠르게 답변 브레인스토밍하기

질문 듣는 시간을 포함한 준비시간 20초 동안 빠른 브레인스토밍으로 답변 키워드 정리

① 질문 키워드: someone older – you admire – how long known and why
② 답변 키워드: high school teacher – 5 years – learned many lessons

3단계 디테일하게 묘사하며 정확하게 전달하기

최소 30초 동안 답변하기 위해 답변 키워드에 대한 디테일 묘사 및 구체적 상황 설명

Someone older that I admire is my teacher in high school. I have known her for almost five years. From my first class with her in high school, she has been an inspiring figure for me. I remember being amazed by her teaching skills and her passion for her job. Between classes, she would give us advice on our academic and career goals, which became very useful in the future. The main reason why I admire her is that I desire to follow in her footsteps by studying hard to become a teacher.

제가 존경하는, 나이가 더 많으신 분은 제 고등학교 선생님입니다. 저는 그녀를 거의 5년 동안 알고 지냈습니다. 고등학교 때 그녀와 함께한 첫 수업부터 그녀는 저에게 영감을 주는 인물이었습니다. 저는 그녀의 가르치는 기술과 그녀의 직업에 대한 열정에 놀랐던 것을 기억합니다. 공강 시간에 그녀는 우리의 학업 및 직업 목표에 대한 조언을 해주었고, 이는 미래에 매우 유용했습니다. 제가 그녀를 존경하는 가장 큰 이유는 열심히 공부해서 그녀의 발자취를 따라 선생님이 되고 싶기 때문입니다.

전략 2 빈출 질문 형식 및 내용 숙지

• **Type 1: In what ways ~ / How should ~ / Discuss ~**

질문 속 키워드에 대한 방법 또는 특징을 나열하는 질문입니다. 주로 2개의 방법 또는 특징을 다루되 각 방법 또는 특징의 세부 사항도 추가합니다. 세부 사항은 주로 2-3문장씩 덧붙여 줍니다.

[예시] **In what ways can a person show encouragement to a friend or relative who is having some personal difficulties?**

개인적인 어려움을 겪고 있는 친구나 친척에게 어떤 방식들로 격려해줄 수 있습니까?

질문 속 키워드: ways – show encouragement – difficulties
방법 1: give advice
방법 2: show empathy

• **Type 2: Think about ~ / Talk about ~**

주로 사물/사람/상황 등을 묘사하는 질문으로, 주된 질문 뒤에, 답변 방향을 잡아주는 추가 질문이 포함되는 경우가 많습니다. 최대한 구체적으로 사물/사람/상황 등을 묘사하는 것이 중요합니다.

[예시] **Think about someone older than you that you admire. How long have you known this person? And why do you admire this person?**

당신이 존경하면서 당신보다 나이가 많은 누군가를 생각해 보십시오. 얼마나 오랫동안 이 사람을 알고 지냈습니까? 그리고 왜 이 사람을 존경합니까?

주된 질문: someone older that I admire ▶ 답변: boss at work
추가 질문: how long known – why admire ▶ 답변: known for 3 years – admire passion for work

• **Type 3: Why or why not? Do you agree or disagree?**

질문 속 주어진 키워드에 대한 나의 의견을 말합니다. 자신의 선택에 대한 두 개 정도의 이유를 브레인스토밍하고, 각각의 이유는 2-3문장으로 구체적으로 설명합니다.

[예시] **Should parents be held accountable if their children break the law? Why or why not?**

자녀가 법을 어기면 부모가 책임을 져야 합니까? 그 이유는 무엇인가요?

질문 속 키워드: parents held accountable – children break law
나의 선택: yes
이유 1: children are too young to be held accountable
이유 2: parents should take care of their own children

- **빈출 주제 1: 자신과 관련된 사람 묘사**

influential 영향력 있는
inspiring (…하도록) 고무[격려/자극]하는
be famous for ~로 유명하다
a people person 사교성 있는 사람
full of energy 정력이 넘쳐
easy-going (성격이) 느긋한, 태평스러운
courageous 용감한
trustworthy 신뢰할[믿을] 수 있는
exceptional 이례적일 정도로 우수한, 특출한
versatile 다재다능한
enthusiastic 열렬한, 열광적인
thoughtful (조용히) 생각에 잠긴, 배려심 있는
determined 단단히 결심한
adventurous 모험심이 강한
adaptable 적응할 수 있는
humble 겸손한

- **빈출 주제 2: 자신과 관련된 사물 묘사**

important 중요한
essential part of my life 내 인생에 필수적인 부분
meaningful 의미 있는
influential 영향력이 있는
precious 귀중한
nice appearance 훌륭한 외형
several functions 여러가지 기능들
handy 유용한, 편리한
paramount 다른 무엇보다 가장 중요한

- **빈출 주제 3: 건강 및 생활방식**

eat clean 건강하게 먹다
balanced diet (영양을 고루 갖춘) 균형식
look after one's health ~의 건강을 돌보다
healthy lifestyle 건강한 생활양식
obesity 비만
health issue 건강 문제
regular exercise 규칙적인 운동
stay in shape 건강을 유지하다

- **빈출 주제 4: 교육**

elementary/middle/high school 초등/중등/고등 학교
graduate 대학 졸업자, 졸업하다
coursework 수업 활동
retake an exam 추가시험을 치르다
qualification 자격(증)
educational institution 교육기관
tuition fee 수업료
assignment 과제, 임무
degree 도, 정도, 학위
compulsory education 의무 교육
boarding school 기숙학교
intensive course 심화 과정
take an exam 시험을 치르다
online class 온라인 수업
scholarship 장학금
gap year 갭이어(흔히 고교 졸업 후 대학 생활을 시작하기
　　　　　전에 일을 하거나 여행을 하면서 보내는1년)

- **빈출 주제 5: 채용 및 직장**

unemployment rate 실업률
internship experience 인턴 경험
work experience 직장 경험
highly skilled 고도로 숙련된
qualified graduates 자격을 갖춘 졸업생들
specialized skills 전문적인 기술
workplace 직장, 업무 현장
work environment 작업 환경

- **빈출 주제 6: 정부**

government spending 정부 지출
authority 지휘권, 권한
consensus 의견 일치, 합의
regulation 규정
govern 통치하다
pass a law 법을 통과시키다
guidelines 지침
ballot 무기명 투표
autonomy 자치권

전략 3 목표 점수대별 Jenny쌤의 공부법 꿀팁

DET 100+ 달성 전략

• 질문을 빠르게 이해하기
 - 평소에 듣기 연습을 할 때는 한 문장씩 들으며 바로 해석하는 훈련하기
 - 세 번의 기회 안에 질문의 키워드(주로 명사, 의문사)를 빠르게 뽑아내는 연습하기

• 매직 표현 암기하기
 - 어떤 질문을 만나도 답변을 이을 수 있도록 질문에 따른 답변 패턴 활용하기 (Read, Then Speak의 전략 2 참조)
 - 답변 대본 작성 시 다양한 표현들을 추가하며 연습하기

• 발음은 항상 신경쓰기
 - 내용이 아무리 좋아도 전달력이 좋지 않으면 좋은 점수를 받을 수 없으므로, 명확하게 말하는 습관 갖기
 - 쉐도잉(Shadowing)을 지속적으로 하며 영어식 발음/강세 등에 익숙해질 수 있도록 반복 연습하기

DET 120+ 달성 전략

• 정적 최소화하기
 - 너무 잦은 정적은 내용과 유창성이 부족한 모습을 보여주기에, 필러(filler) 사용하기 (Read, Then Speak의 전략 2 참조)
 - 다양한 문제에 대해 브레인스토밍 연습을 해보며, 말하고자 하는 내용이 끊기지 않게 반복 학습하기

• 1분 이상의 답변 만들기
 - 연습할 때 항상 타이머를 사용하여 답변의 길이가 1분 이상은 될 수 있게 반복 연습하기
 - 답변이 끝난 후 대본을 작성하여 1분 이상의 내용을 체크하는 습관 만들기

• 질문에 대한 자세한 답변 구사하기
 - 질문을 보면서 답변하는 문제유형이 아니기에, 답변이 주제에서 벗어나지 않도록 마지막 문장은 질문 키워드로 다시 정리해
   주는 습관 기르기
 - 답변을 구체적으로 육하원칙에 따라 설명해주는 연습하기

(◁)) DET_16

0:20

Prepare to speak about the topic below.

You will have 90 seconds to speak.

Number of replays left: 2

RECORD NOW

1:30

Speak about the topic for 90 seconds.

Number of replays left: 0

● RECORDING... YOU CAN CONTINUE AFTER 30 SECONDS

0:20

Prepare to speak about the topic below.

You will have 90 seconds to speak.

Number of replays left: 2

RECORD NOW

🔊 DET_17

1:30

Speak about the topic for 90 seconds.

Number of replays left: 0

● RECORDING...

 YOU CAN CONTINUE AFTER 30 SECONDS

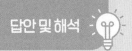
1

Talk about the most stunning natural view you have ever seen. Where were you, and who were you with?

지금까지 본 가장 놀라운 자연 경관에 대해 이야기하십시오. 당신은 어디에 있었고 누구와 있었습니까?

The most stunning natural view I have ever seen was the sunset in Sydney. It was 3 years ago, and I still remember the scenery clearly. I was with my best friend in Sydney for vacation. Before the sunset, we had dinner at a nice restaurant by the Opera House. At around 7 o'clock, the sun started going down, and the sky turned into a brilliant red and orange color. We sat on one of the benches next to the Opera House to enjoy the view. We were amazed by how beautiful the sunset was. Therefore, even though I have seen several stunning natural views, the best view was the sunset in Sydney.

제가 본 가장 멋진 자연 경관은 시드니의 일몰이었습니다. 3년 전 일인데 아직도 그 풍경이 생생히 기억납니다. 저는 휴가차 가장 친한 친구와 시드니에 함께 있었습니다. 해가 지기 전 우리는 오페라 하우스 옆에 있는 멋진 레스토랑에서 저녁을 먹었습니다. 7시가 되자 해가 지기 시작했고 하늘은 눈부신 빨강과 주황으로 변했습니다. 우리는 오페라 하우스 옆 벤치에 앉아 경치를 즐겼습니다. 우리는 일몰이 얼마나 아름다운지 놀랐습니다. 그렇기 때문에, 여러 멋진 자연경관을 보았지만 가장 좋았던 것은 시드니의 일몰이었습니다.

어휘

stunning 놀라운 natural view 자연 경관 sunset 일몰 scenery 풍경 brilliant 눈부신, 멋진 amazed 놀란

2

Should military service be compulsory? Include reasons in your answer.

군복무를 의무화해야 합니까? 답변에 이유를 포함하세요.

Of course, people might have different opinions on this, but I think that military service should not be compulsory. Personally, I think people should have the autonomy to choose to join military services. I believe a nation or society should not have that much control over an individual's life. On top of that, there is also something else to consider. If military service is compulsory, those who are not willing also have to participate, which might lead to a lack of motivation. On the other hand, if only those who apply serve in the military, they will be passionate about their work, and this will in turn bring better outcomes. For these reasons, I argue that military service should not be mandatory.

물론 이에 대해 사람마다 의견이 다를 수 있지만, 저는 군 복무기 의무화되어서는 안 된다고 생각합니다. 개인적으로 저는 사람들은 군 입대를 선택하는 자율성을 가져야 한다고 생각합니다. 저는 국가나 사회가 개인의 삶에 너무 많은 통제를 하면 안 된다고 생각합니다. 그 외에, 고려할 다른 사항도 있습니다. 만일 군 복무가 의무라면, 군 복무를 원하지 않는 사람도 참가해야 하므로 의욕이 떨어질 수 있습니다. 반면에 지원한 사람들만 군 복무를 하면, 일에 열정을 쏟을 수 있고, 그로 인해 더 좋은 결과를 얻을 수 있을 것입니다. 이러한 이유로 저는 군 복무가 의무화되어서는 안 된다고 주장합니다.

어휘

military service 군 복무 compulsory 의무의 autonomy 자율성 control 통제 participate 참여하다, 참가하다 lack 부족 motivation 의욕, 동기 apply 지원하다 serve 복무를 하다 passionate 열정적인 in turn 결과적으로 outcome 결과 mandatory 의무의

Speak About the Photo

I. 출제 경향 분석

유형 핵심 정보
- 사진 보고 설명 녹음하기
- 답변 준비 시간: 20초
- 문제 답변 시간: 30초~1분 30초
- 한 문제 출제

채점 항목
- 듣고 말하기 능력 (Conversation)
- 쓰고 말하기 능력 (Production)

시험 진행
① 화면에 사진이 나옴과 동시에 20초 준비 시간 타이머 작동

0:20

Prepare to speak about the image below.

You will have 90 seconds to speak.

RECORD NOW

---

② 준비 시간 후 자동으로 녹음이 시작됨

③ 최소 30초, 최대 1분 30초의 녹음시간 동안 답변 (시간이 다 되면, 자동으로 제출)

II. 문제 풀이 및 학습 전략

전략1   기출 문제로 전략 파악하기

1단계   준비시간 동안 사진의 핵심 포인트 찾기

20초 준비시간 동안 사진 속 주요 대상과 배경의 핵심 포인트 2~3개 정도 찾기

father in yellow T-shirt and a hat / three children

This is a picture of a family on a farm. In detail, I can see that the father is in a yellow T-shirt and a hat. On top of that, he has three children with him.

2단계   사진을 보며 구체적으로 스토리텔링

보다 구체적으로 스토리텔링 하는 방식으로 사진 속 상황 설명

In the picture, the father is holding two shovels. From this, I can infer that they are about to start working. On top of that, the picture depicts one child hiding behind his father. This clearly shows that he is too shy to take a picture.

3단계   전달력을 생각하며 정확하게 말하기

전달력을 높이기 위해 정확하게 발음하며 최소 30초 이상 사진 묘사

This is a picture of a family on a farm. In detail, I can see that the father is in a yellow T-shirt and a hat. On top of that, he has three children with him. In the picture, the father is holding two shovels. From this, I can infer that they are about to start working. On top of that, the picture depicts one child hiding behind his father. This clearly shows that he is too shy to take a picture.

이것은 농장에서 한 가족의 사진입니다. 자세히 보면, 아버지가 노란색 티셔츠와 모자를 쓰고 있는 것을 알 수 있습니다. 게다가, 그에게는 3명의 자녀가 있습니다. 사진 속에서, 아버지는 삽 두 개를 들고 있습니다. 이를 통해, 나는 그들이 곧 일을 시작할 것이라고 추론할 수 있습니다. 또한, 사진은 아버지 뒤에 숨어 있는 한 아이를 보여줍니다. 이것은 그 아이가 사진 찍는 것을 매우 부끄러워한다는 것을 분명히 보여줍니다.

전략 2 문제 유형에 꼭 필요한 표현법

전반적 사진 묘사 표현

사진 속 등장하게 되는 사람 또는 사물은 매번 달라질 수 있지만 사진을 묘사해야 된다는 사실은 항상 같습니다. 따라서 다음의 전반적인 사진 묘사 표현을 첫 문장에 사용합니다.

- **This is a picture of + 명사**   이것은 ~의 사진입니다

  [예문] This is a picture of a man standing with his daughter.
       이것은 딸과 함께 서 있는 남자의 사진입니다.

- **The picture depicts + 명사**   이 사진은 ~을 보여줍니다

  [예문] The picture depicts a firefighter working with his co-workers.
       이 사진은 동료들과 함께 일하는 소방관을 보여줍니다.

- **In this picture, I can see + 명사**   이 사진에서, 나는 ~을 볼 수 있습니다

  [예문] In this picture, I can see two colorful birds flying in the air.
       이 사진에서, 나는 두 마리의 형형색색의 새가 공중을 나는 것을 볼 수 있습니다.

- **In the picture, the main subject is + 명사**   이 사진에서, 주요 대상은 ~입니다

  [예문] In the picture, the main subject is a couple and their child cooking together in the kitchen.
       이 사진에서, 주요 대상은 부엌에서 함께 요리를 하고 있는 부부와 아이입니다.

나의 추측 표현

사진을 묘사하는 것에서 끝내는 것이 아니라 사진 속 장면을 통해 스토리텔링을 해 나가면 더 좋은 점수를 받을 수 있습니다. 내 생각 또는 스토리텔링 표현을 잘 숙지한다면 막힘없이 문장들을 연결해 나갈 수 있습니다.

- **From this, I can tell that**   이를 통해, 나는 ~을 알 수 있습니다

  [예문] From this, I can tell that the woman is angry at her child.
       이로부터, 나는 그 여자가 자기 아이에게 화를 내고 있음을 알 수 있습니다.

- **This clearly shows that**   이것은 ~을 분명히 보여줍니다

  [예문] This clearly shows that it is his first day at work.
       이것은 그가 직장에서 첫 번째 날임을 분명히 보여줍니다.

- **Therefore, it is obvious that**   따라서 ~이 분명합니다

  [예문] Therefore, it is obvious that the weather is very hot and humid.
       따라서, 날씨가 매우 덥고 습한 것이 분명합니다.

• It looks like   ~으로 보입니다

[예문] It looks like the people in the left corner are celebrating the child's birthday.
        왼쪽 구석에 있는 사람들이 아이의 생일을 축하하고 있는 것 같습니다.

• From the photo, I/we can infer that   사진을 통해, 나/우리는 ~임을 짐작할 수 있습니다

[예문] From the photo, we can infer that it was a long day for them.
        사진을 통해, 우리는 그들의 하루가 길었음을 짐작할 수 있습니다.

기본 템플릿

최소 30초의 스피킹을 진행하기 위해 아래의 템플릿을 기억합니다. 매번 눈이 가는 대로 사진을 묘사하는 것이 아니라, 미리 묘사할 순서를 정해 놓으면 훨씬 수월하게 문장들을 연결할 수 있습니다. 말하기 문제 유형이기에, 해당 템플릿을 눈으로만 보는 것이 아니라 자연스럽게 내뱉을 수 있게 말하며 연습합니다.

• This is a picture of 주요 대상   이것은 ~의 사진입니다

• In detail, I can see that 주요 대상 구체적 묘사(옷/머리/표정 등)   자세히 보면, 나는 ~을 알 수 있습니다

• On top of that, 주요 대상의 행동 설명   또한, ~

• From this, I can infer that 행동에서의 추론   이를 통해, 나는 ~을 짐작할 수 있습니다

• And in the background, 배경 묘사   그리고 배경에는, ~

• This clearly shows that 배경에서의 추론   이는 ~임을 분명히 보여줍니다

전략 3 목표 점수대별 Jenny쌤의 공부법 꿀팁

DET 100+ 달성 전략

• 기본적인 템플릿에 집중하기
- 사진 묘사의 패턴을 기억하며 기본적인 템플릿 틀을 암기하기
- 템플릿은 자연스러운 발음과 억양으로 말할 수 있도록 연습하기

• 기본 옷차림/모습 표현 암기하기
- 사람의 옷차림이나 모습을 설명하는 기본 표현만 숙지해도 적어도 1~2문장은 말할 수 있음
- 사진 속 인물의 옷차림을 빠르게 캐치한 후 해당 표현을 문장으로 만드는 연습하기

• 30초 녹음 시간을 기억하기
- 최소 30초 동안 말할 수 있도록 연습하기
- 최소 6문장으로 묘사할 수 있게 연습하기

DET 120+ 달성 전략

• 형용사/부사를 추가하기
- 형용사와 부사를 사용하여 보다 구체적인 사진 묘사하기
- 특히 사람의 표정/옷차림/머리 등을 묘사할 수 있는 형용사와 부사 학습하기

• 사진에 대한 스토리텔링 하기
- 가능하면 최대 1분 30초까지 기본 묘사에 스토리텔링을 추가하여 길게 묘사해보도록 연습하기
- 사진이 주는 전체적인 느낌 또는 내 상상을 덧붙여 추론하는 문장을 1~2개 정도 추가하기

• 전달력까지 신경쓰기
- 당황하지 않고 정확하게 말할 수 있도록 꾸준히 학습하기
- 한 사진을 묘사하는 연습을 적어도 3번 정도는 반복하기

1

0:20

Prepare to speak about the image below.
You will have 90 seconds to speak.

RECORD NOW

1:30

Speak about the image below for 90 seconds.

● RECORDING...   YOU CAN CONTINUE AFTER 30 SECONDS

2

0:20

Prepare to speak about the image below.
You will have 90 seconds to speak.

RECORD NOW

1:30

Speak about the image below for 90 seconds.

● RECORDING... ᴵᴵᴵᴵᴵᴵᴵᴵ YOU CAN CONTINUE AFTER 30 SECONDS

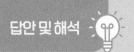
1

This is a picture of a little dog with long ears. In detail, I can see that it is sitting on a colorful blanket. On top of that, it is playing with a yellow ball. From this, I can infer that it is having fun with its owner. And in the background, there is a white wall. This clearly shows that the dog is inside a house.

이것은 긴 귀를 가진 작은 강아지의 사진입니다. 자세히 보면, 강아지는 알록달록한 담요 위에 앉아 있음을 알 수 있습니다. 또한, 강아지는 노란 공을 가지고 노는 중입니다. 이를 통해, 나는 강아지가 주인과 즐겁게 지내고 있음을 짐작할 수 있습니다. 그리고 배경에는, 흰 벽이 있습니다. 이는 개가 집 안에 있다는 것을 분명히 보여줍니다.

어휘

blanket 담요 have fun 즐기다

2

This is a picture of a blonde woman and a man with a beard. In detail, I can see that they are both staring in the same direction. On top of that, the woman has her fingers crossed with a frowning face. From this, I can infer that they are watching a sports game, and they are cheering for one team. And in the background, there is another woman staring in the same direction. This clearly shows that they are all enjoying watching a game together.

이것은 금발의 여자와 수염을 기른 남자의 사진입니다. 자세히 보면, 두 사람이 같은 방향을 바라보고 있음을 알 수 있습니다. 또한, 여자는 찡그린 얼굴로 손가락을 꼬고 있습니다. 이를 통해, 사람들이 스포츠 경기를 시청하고 있으며 한 팀을 응원하고 있음을 짐작할 수 있습니다. 그리고 그 배경에는, 같은 방향을 바라보고 있는 또 다른 여성이 있습니다. 이는 그들이 모두 함께 게임을 즐기고 있다는 것을 분명히 보여줍니다.

어휘

beard 수염 frowning 찌푸린 cheer 응원하다

Read, Then Speak

I. 출제 경향 분석

유형 핵심 정보
- 문제 읽고 답변 녹음하기
- 답변 준비 시간: 20초
- 문제 답변 시간: 30초~1분 30초
- 한 문제 출제

채점 항목
- 듣고 말하기 능력 (Conversation)
- 쓰고 말하기 능력 (Production)

시험 진행
① 화면에 문제가 나오는 동시에 20초 준비 시간 타이머 작동

```
0:20
─────────────────────────────────────────

          Prepare to speak about the topic below.
              You will have 90 seconds to speak.

    ┌─────────────────────────────────────────────┐
    │  Describe your favorite subject in school.   │
    │                                              │
    │  • What was it?                              │
    │                                              │
    │  • How long did you study it?                │
    │                                              │
    │  • Why did you like it?                      │
    └─────────────────────────────────────────────┘

                                      RECORD NOW
```

② 준비시간 후 자동으로 녹음 시작

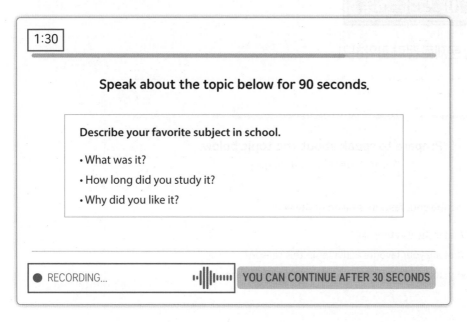

③ 최소 30초, 최대 1분 30초의 녹음시간 동안 답변

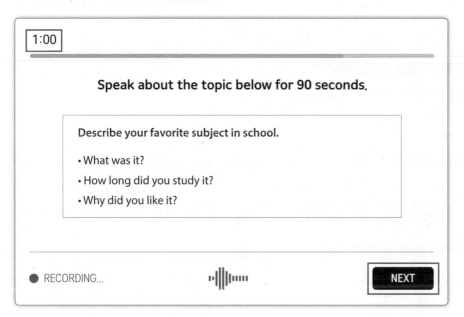

II. 문제 풀이 및 학습 전략

전략1 기출 문제로 전략 파악하기

0:20

Prepare to speak about the topic below.
You will have 90 seconds to speak.

> **Describe your favorite season of the year.**
>
> • What is the weather like?
> • What are your favorite activities in this season?
> • Why do you like this season more than other seasons?

RECORD NOW

1단계 **각 세부 질문의 답변 키워드 떠올리기**

세부 질문들의 키워드를 빠르게 떠올리며 추가할 정보들도 함께 정리

Describe your favorite season of the year. 일년 중 당신이 가장 좋아하는 계절을 설명하십시오.	▶ spring 봄
What is the weather like? 날씨는 어떤가요?	▶ warm, nice – a little breeze 따뜻, 좋음 – 약간의 산들바람
What are your favorite activities in this season? 이 계절에 당신이 가장 좋아하는 활동들은 무엇인가요?	▶ flower festivals – walk, pictures 꽃 축제 – 걷기, 사진
Why do you like this season more than other seasons? 당신은 왜 다른 계절 보다 이 계절을 더 좋아하나요?	▶ outdoor activities – nice weather 야외 활동들 – 좋은 날씨

각 세부 질문의 시제 파악하기

키워드와 함께 각 질문 속 동사를 찾아 시제 파악

Describe your favorite season of the year. 일년 중 당신이 가장 좋아하는 계절을 설명하십시오.	▶ spring 봄
What is the weather like? 날씨는 어떤가요?	▶ (현재시제) warm, nice – a little breeze 따뜻, 좋음 – 약간의 산들바람
What are your favorite activities in this season? 이 계절에 당신이 가장 좋아하는 활동들은 무엇인가요?	▶ (현재시제) flower festivals – walk, pictures 꽃 축제 – 걷기, 사진
Why do you like this season more than other seasons? 당신은 왜 다른 계절 보다 이 계절을 더 좋아하나요?	▶ (현재시제) outdoor activities – nice weather 야외 활동들 – 좋은 날씨

3단계 **전달력을 생각하며 정확하게 말하기**

키워드를 문장으로 만들어 명확한 발음과 유창한 억양으로 자신감 있게 답변

Personally, my favorite season of the year is spring. To tell you more about this season, it is very warm and nice with a little breeze. There are several activities that you can enjoy in spring, but I believe the best thing to do is going to flower festivals. This is because at the festivals, you can take a walk with your friends or family while looking at colorful and beautiful flowers. It is also nice to take pictures with such scenery. Additionally, the reason why I prefer spring over other seasons is that you can enjoy any outdoor activities without having to worry about the weather. For instance, in winter, if it suddenly snows or hails, it is difficult to go for a little walk. On the other hand, in spring, it is highly unlikely that you will be affected by the weather if you want to try an outdoor activity. For these reasons, my favorite season is spring.

개인적으로, 1년 중 가장 좋아하는 계절은 봄입니다. 이번 시즌에 대해 좀 더 말씀드리자면, 약간의 산들바람과 함께 매우 따뜻하고 좋습니다. 봄에 즐길 수 있는 여러 가지 활동들이 있지만, 가장 좋은 것은 꽃 축제에 가는 거라 생각합니다. 축제에서 형형색색의 아름다운 꽃을 바라보며 친구나 가족과 함께 산책을 할 수 있기 때문입니다. 이러한 풍경과 함께 사진을 찍는 것도 좋습니다. 추가적으로, 제가 다른 계절보다 봄을 선호하는 이유는 날씨 걱정 없이 어떤 야외 활동도 즐길 수 있기 때문입니다. 예를 들어, 겨울에 갑자기 눈이 내리거나 우박이 내리면 약간의 산책도 하기가 어렵습니다. 반면, 봄철에는 야외 활동을 하려고 하면 날씨의 영향을 받을 가능성이 거의 없습니다. 이러한 이유로, 제가 가장 좋아하는 계절은 봄입니다.

전략 2 반드시 알아야 하는 답변 포인트

이 문제 유형은 세부 질문들이 제시되어 브레인스토밍을 도와줍니다. 특히, 질문 속 단어들을 활용하여 나의 답변을 꾸며갈 수 있습니다. 질문 속 의문사가 있다면 그 의문사에 따라 문장 시작을 정할 수 있습니다. 아래의 답변 패턴을 암기하여 빠르게 문장 만드는 연습을 합니다.

질문 형태	답변 형태
Describe something that ~ ~ 한 무언가를 설명하십시오	One thing that ~ ~ 한 한 가지는
Why ~? = What makes ~? 왜	The main reason why ~ = The main reason for ~ is ~ ~에 대한 주요 이유는 ~입니다
How ~? 어떻게	by ~ing ~함으로써
Who ~? 누구	The person that ~ is ~ ~하는 사람은 ~입니다
What do you think ~? 어떻게 생각하는지 Do you think ~? ~라고 생각하는지 Is it ~? ~인지	Personally, I think/believe ~ 개인적으로, 저는 ~라고 생각합니다
How long ~? 얼마나 오랫동안 How much ~? 얼마인지	In my view, the amount of (time/money) for this is ~ 제 관점에는, 이것에 대한 (시간/돈)의 양이 ~입니다
What are some ~? 일부 ~은 무엇인지	Some of the ~ are ~ ~의 일부는 ~입니다

[예제]

Describe something that **irritates you.** 당신을 짜증나게 하는 무언가를 설명하십시오.	▶ One thing that **irritates me is ~** 나를 짜증나게 하는 한 가지는 ~
Why **does it irritate you?** 왜 그것이 당신을 짜증나게 하나요?	▶ The main reason why **this irritates me is ~** 이것이 나를 짜증나게 하는 주요 이유는 ~
How **do you react when someone does this?** 누군가가 이렇게 하면 당신은 어떻게 반응하나요?	▶ When someone does this, I usually react by doing ~ 누군가가 이렇게 하면, 나는 보통 ~함으로써 반응합니다.
Do you think **this irritates others as well?** 당신은 이것이 다른 사람도 짜증나게 한다고 생각하나요?	▶ Personally, I do not think **that this would irritate** **others.** 개인적으로, 이것이 다른 이도 화나게 할 거라고는 생각하지 않습니다.

최소 답변 시간은 30초이나 더 높은 점수를 받으려면 최대 답변시간인 1분30초에 가까운 길이의 답변을 하는 것이 좋습니다. 그러므로 질문에 대한 답변을 한 단어 또는 한 문장으로만 간단하게 말하지 말고 한 문장씩 디테일을 추가하는 습관을 갖습니다.

질문	단답형 (X)	디테일 추가 (O)
Talk about someone in your country who is always in the media. 당신 나라의 언론에 항상 나오는 누군가에 대해 이야기하세요.	▶ BTS	▶ BTS - Korean boy band, 7 members BTS – 한국 남성 7인조 댄스 그룹
• Why is this person the focus of so much attention? 왜 이 사람이 그토록 많은 관심을 받나요?	▶ talented	▶ talented - great singer, perfect choreography 재능 있음 – 훌륭한 가수, 완벽한 안무
• Is he/she an important person? 그/그녀는 중요한 사람인가요?	▶ yes	▶ yes - very influential in Korea, international fans 네 – 한국에서 매우 영향력 있음, 해외 팬들
• What do you think this person's future will be like? 이 사람의 미래는 어떻게 될 것이라고 생각하나요?	▶ more successful	▶ more successful - become influential worldwide, release more albums 더욱 성공 – 세계적으로 영향력 생김, 더 많은 앨범을 발표

Someone who is always in the media in my country is BTS. To tell you more about BTS, it is a Korean boy band with seven members. The main reason why this group receives so much attention is because they are very talented. Not only is each member a great singer, but the whole band dances on stage with perfect choreography. In addition, BTS is an important group because the members are very influential in Korea. On top of that, they have become famous in other countries as well, gathering many international fans. Personally, I believe that they will become even more successful and become influential worldwide. I expect them to release more albums that will be international hits. I really hope that I could go to one of their concerts someday.

우리나라에서 항상 미디어에 등장하는 사람은 바로 방탄소년단입니다. 방탄소년단에 대해 더 자세히 설명하자면, 7명의 멤버로 구성된 한국 보이 밴드입니다. 이 그룹이 많은 관심을 받는 가장 큰 이유는 그들이 매우 재능이 있기 때문입니다. 각 멤버가 훌륭한 가수일 뿐만 아니라 밴드 전체가 완벽한 안무로 무대에서 춤을 춥니다. 또한 방탄소년단은 멤버들이 한국에서 매우 영향력 있는 그룹이기 때문에 중요한 그룹입니다. 뿐만 아니라 다른 나라에서도 유명해져 많은 해외 팬들을 확보하고 있습니다. 개인적으로, 저는 그들이 앞으로 더욱 성공하고 전 세계적으로 영향력을 발휘할 것이라고 믿습니다. 저는 그들이 앞으로 더 많은 앨범을 발표해서 세계적인 히트곡을 낼 거라고 기대합니다. 저는 정말로 언젠가 그들의 콘서트에 꼭 한 번 가보길 희망합니다.

Tip

항상 답변을 구체적으로 풀어서 설명해야 한다는 것을 명심

말하기 영역은 중간중간 찾아오는 정적까지 녹음으로 전달이 됩니다. 보통 응시생들은 이런 상황에서 당황하여 다음에 하려던 말까지 잊고 버벅거립니다. 하지만 오히려 그럴 때 유창함을 보여줄 수 있는 방법이 있는데, 적당한 표현으로 채워 넣는 것, 즉 필러를 사용하는 것입니다. 아래 표현들의 올바른 발음 및 억양을 숙지하여 시험장에서 자연스럽게 사용하도록 합니다.

- **There were not many chances for me to think about this, but I believe ~**
  이 부분에 대해 생각해 볼 기회는 많지 않았지만, 저는 ~라고 생각합니다.

  [예문] There were not many chances for me to think about this, but I believe **the most important person for me is my father.**
  이 부분에 대해 생각해 볼 기회는 많지 않았지만, 저는 가장 중요한 사람이 저의 아버지라고 생각합니다.

- **When it comes to ~** ~에 관한 한

  [예문] When it comes to **driving, I have to say that I am not very proficient.**
  운전에 관한 한, 저는 그다지 능숙하지 않다고 말해야 겠습니다.

- **There are many different ways that ~** ~하는 많은 다른 방식들이 있습니다

  [예문] There are many different ways that **people celebrate their anniversaries.**
  사람들이 그들의 기념일을 축하하는 많은 다른 방식들이 있습니다.

- **On top of that, there is also something else to consider.** 그 외에, 고려할 다른 사항도 있습니다.

  [예문] **You can wear dresses in any weather.** On top of that, there is also something else to consider. **The price of dresses is reasonable.**
  어떤 날씨에도 드레스를 입을 수 있습니다. 그 외에, 고려할 다른 사항도 있습니다. 드레스의 가격은 합리적이죠.

- **Of course, people might have different opinions on this, but I think that ~**
  물론 이에 대해 사람마다 다른 의견을 갖고 있을 수 있지만 저는 ~라고 생각합니다.

  [예문] Of course, people might have different opinions on this, but I think that **technology plays an important role in our society.**
  물론 이에 대해 사람마다 의견이 다를 수 있지만, 저는 기술이 우리 사회에서 중요한 역할을 한다고 생각합니다.

전략 3   목표 점수대별 Jenny쌤의 공부법 꿀팁

DET 100+ 달성 전략

• **문법은 최대한 틀리지 않기**
- 문법을 틀리지 않는 가장 쉬운 방법은 질문 속 문장 형태를 활용하는 것으로, 질문을 답변에 활용하는 연습하기
- 교재에 제공된 필러 문장들을 적극 암기하여, 좋은 표현들을 틀리지 않고 사용할 수 있도록 하기

• **짧은 답변부터 시작하기**
- 최소 30초의 답변 시간을 채우는 것부터 시작하여 점점 브레인스토밍을 늘려가는 연습하기
- 기본에 충실한 답변이 가능해지면 디테일을 추가하여 한 질문에 대해 반복하여 답변해 보기

• **말한 후에는 대본 쓰기**
- 말로만 하고 끝내기보다는 눈으로 확인할 수 있게 내가 한 말을 대본으로 작성하며 나의 실수 패턴 확인하기
- 대본 작성 후, 내가 말했으면 좋았을 내용이나 표현들을 추가하여 나만의 답변 내용 향상시키기

DET 120+ 달성 전략

• **어휘의 폭을 넓히기**
- 질문 주제별로 사용할 수 있는 표현들은 항상 정리하는 습관을 가지기
- 흔히 사용되는 어휘부터 시작해서 몰랐던 어휘까지 정리해가며 어휘의 폭을 넓히는 학습하기

• **최대 답변 길이를 채우기**
- 최대 답변 길이는 1분30초이므로, 연습할 때 항상 답변의 길이를 1분15초~1분20초 정도로 맞추며 학습하기
- 디테일 내용으로만 시간을 채우기 힘들다면 필러 문장 1~2개는 꼭 외워 두기

• **정확한 전달력을 잊지 않기**
- 내용도 중요하지만 스피킹 영역에서는 내용을 전달하는 방식이 중요하므로, 전달력의 기본인 명확한 발음과 억양 훈련하기
- 한 질문에 대한 답변을 완벽한 전달력으로 말할 수 있을 때까지 반복 연습하기

1

0:20

Prepare to speak about the topic below.
You will have 90 seconds to speak.

> **Talk about a significant letter that you got from someone.**
>
> • Who wrote it to you?
> • What was it about?
> • How did it make you feel?

RECORD NOW

1:30

Speak about the topic below for 90 seconds.

> **Talk about a significant letter that you got from someone.**
>
> • Who wrote it to you?
> • What was it about?
> • How did it make you feel?

● RECORDING...   ․ıl|||ıııı YOU CAN CONTINUE AFTER 30 SECONDS

2

0:20

Prepare to speak about the topic below.
You will have 90 seconds to speak.

> **Describe how people commute to work.**
>
> • How do people commute to work?
> • How long do people spend commuting?
> • How will commuting change in the future?

RECORD NOW

1:30

Speak about the topic below for 90 seconds.

> **Describe how people commute to work.**
>
> • How do people commute to work?
> • How long do people spend commuting?
> • How will commuting change in the future?

● RECORDING...   YOU CAN CONTINUE AFTER 30 SECONDS

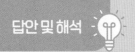

1

누군가로부터 받은 중요한 편지에 대해 말하세요.
· 누가 그것을 당신에게 썼습니까?
· 무엇에 대한 것이었습니까?
· 당신은 어떤 감정을 느꼈습니까?

I have received many different letters from people, but let me talk about one significant letter I got in high school. To give you more detail, my best friend in high school wrote it to me. It was about celebrating my high school graduation. On top of that, my friend talked about how our friendship grew since elementary school. When I got the letter from my best friend, I was very touched and felt loved. This is because she mentioned that even though we will be in different colleges, we will never be apart, and our friendship will last forever. For these reasons, the most memorable letter I got was from my best friend in high school.

사람들에게서 받은 많고 다양한 편지가 있었지만, 고등학교 때 받은 중요한 편지 한 통에 대해 이야기해 보겠습니다. 더 자세히 설명하자면, 고등학교 때 가장 친한 친구가 저에게 편지를 썼습니다. 그것은 저의 고등학교 졸업을 축하하는 것에 대한 것이었습니다. 그 외에, 제 친구는 초등학교 때부터 어떻게 우리의 우정이 자랐는지에 대해 이야기를 했습니다. 가장 친한 친구에게서 편지를 받았을 때, 너무 감동적이고 사랑받는 느낌이 들었습니다. 왜냐하면, 비록 우리가 다른 대학에 가더라도 결코 헤어지지 않을 것이며 우리의 우정은 영원히 지속될 것이라고 그녀가 언급했기 때문입니다. 이러한 이유로 제가 받은 가장 기억에 남는 편지는 고등학교 때 가장 친한 친구에게서 받은 것입니다.

어휘

significant 중요한 celebrate 축하하다 graduation 졸업 on top of that 그 외에 touched 감동한 college 대학
apart 헤어지는, 떨어지는 last forever 영원히 지속되다

2

사람들이 어떻게 통근하는지에 대해 말하세요.
· 사람들은 어떻게 통근합니까?
· 사람들은 얼마나 오랫동안 통근 시간을 보냅니까?
· 미래에 통근은 어떻게 변하겠습니까?

The way people commute to work differs from person to person, but I believe the two most common ways are using one's car or using public transportation. In my view, the major advantage of driving to work is that you can have your own personal space while going to work. On the other hand, if you take public transportation such as buses or subways, it is less likely that you will experience traffic jams, which in turn, will allow you to arrive on time. The amount of time people spend on commuting may differ depending on the distance from their home to work, but in my opinion, an average person would spend around forty minutes of their time commuting. Even though the two ways of commuting I described have benefits, I suppose that in the future, riding a bicycle will be a more popular way of traveling to work. People are becoming more aware of the importance of protecting the environment. In light of the eco-friendliness of using bicycles, I believe more and more people will decide to use bicycles to commute in the future.

통근 방법은 사람마다 다르지만, 가장 보편적인 두 가지 방법은 자가용과 대중교통을 이용하는 것이라고 생각합니다. 제 생각에는, 직장으로 운전하여 가는 것의 가장 큰 장점은 출근하는 동안 개인 공간을 가질 수 있다는 것입니다. 반면에, 버스나 지하철과 같은 대중교통을 이용하면, 교통체증을 겪을 가능성이 적어서, 결국 제시간에 도착하도록 해줍니다. 출퇴근 시간은 집에서 직장까지의 거리에 따라 다를 수 있지만, 제 생각에는, 보통 사람이 통근에 그들의 시간에 약 40분을 보낼 것입니다. 비록 제가 설명한 두 가지 통근 방법이 장점들이 있지만, 앞으로는 자전거를 타고 통근하는 것이 더 대중적인 이동 수단이 될 것이라고 생각합니다. 사람들은 환경 보호의 중요성을 점점 더 많이 인식하고 있습니다. 자전거 이용의 친환경성에 비추어, 앞으로 자전거를 이용하여 출퇴근을 하기로 결심하는 사람들이 많아질 것이라고 생각합니다.

어휘

commute to work 통근하다 differ 다르다 from person to person 사람마다 public transportation 대중교통 advantage 장점 personal space 개인 공간 experience 경험하다, 겪다 traffic jam 교통체증 in turn 결국 on time 제 시간에 depending on ~에 따라 distance 거리 average 보통, 평균 수준 around 약, 대략 spend 시간 -ing ~하는 데 시간을 보내다 describe 설명하다 suppose 생각하다, 추정하다 in light of ~에 비추어 eco-friendliness 친환경성

SECTION

Writing & Speaking Sample

This section will have a writing question and a speaking question. These 2 questions will contribute to your score and will also be available to the institutions that receive your results.

Writing Sample

I. 출제 경향 분석

유형 핵심 정보
- 응시자의 영작 능력을 보여줄 수 있는 샘플(Writing Sample) 작성
- 답변 준비 시간: 30초
- 문제 답변 시간: 최소 3분, 최대 5분
- 한 문제 출제

채점 항목
- 읽고 쓰기 능력 (Literacy)
- 쓰고 말하기 능력 (Production)

시험 진행
① Writing Sample과 Speaking Sample 섹션 시작을 알리는 화면이 15초 동안 나옴

0:15

Writing & Speaking Sample

This section will have a writing question and a speaking question. These 2 questions will contribute to your score and will also be available to the institutions that receive your results.

NEXT

② 화면에 질문이 등장하면서 답변을 준비할 30초 시간이 주어짐

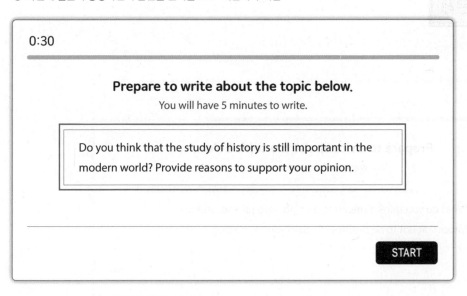

③ 화면 좌측에 질문이, 우측에는 답변 작성 공간이 나오며, 최소 3분, 최대 5분의 시간 동안 작성 후 제출하기

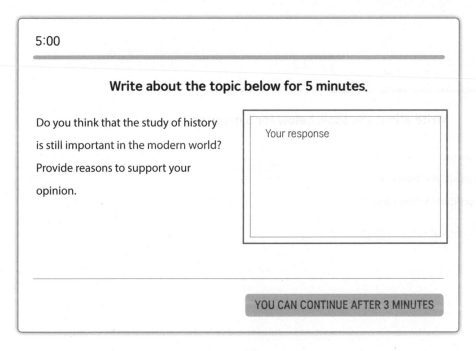

1

0:30

Prepare to write about the topic below.
You will have 5 minutes to write.

What do you think it means to be a positive person, and how important is it to be positive? Explain your reasoning.

START

5:00

Write about the topic below for 5 minutes.

What do you think it means to be a positive person, and how important is it to be positive? Explain your reasoning.

Your response

YOU CAN CONTINUE AFTER 3 MINUTES

2

0:30

Prepare to write about the topic below.
You will have 5 minutes to write.

> Describe the last time you were emotionally moved by a TV
> show or movie. Why did you find it so moving, and how did it
> make you feel?

START

5:00

Write about the topic below for 5 minutes

Describe the last time you were
emotionally moved by a TV show or
movie. Why did you find it so moving,
and how did it make you feel?

Your response

YOU CAN CONTINUE AFTER 3 MINUTES

1

긍정적인 사람이 된다는 것은 무엇을 의미하며, 긍정적인 태도를 갖는 것이 얼마나 중요하다고 생각합니까? 그 이유를 설명하세요.

Many people may have different opinions on this, but in my view, being a positive person means interpreting challenging situations in the most optimistic way. For instance, when I was in college, I failed an important test. At first, I was very disappointed in myself, but I remembered that I could make it up on the next exam if I tried my best. By interpreting the situation differently, I cheered myself up and achieved a higher score on the next test. Thus, staying positive is important since it allows us to recover from setbacks.

많은 사람들이 이에 대해 다른 의견을 가질 수 있지만, 제 생각에 긍정적인 사람이 된다는 것은 어려운 상황을 가장 낙관적인 방식으로 해석하는 것을 의미합니다. 예를 들어, 저는 대학 시절에, 중요한 시험에서 떨어진 적이 있습니다. 처음에는, 제 자신에게 매우 실망했지만, 최선을 다하면 다음 시험에서 만회할 수 있다는 생각이 들었습니다. 상황을 다르게 해석하면서, 스스로를 격려했고 다음 시험에서 더 높은 점수를 받을 수 있었습니다. 따라서, 긍정적인 마음가짐을 유지하는 것은 중요한데, 우리를 좌절에서 회복할 수 있도록 하기 때문입니다.

어휘

positive 긍정적인 opinion 의견 interpret 해석하다, 설명하다, 이해하다 challenging 어려운 optimistic 낙관적인 college 대학 fail 떨어지다, 실패하다 disappointed 실망한 make it up 만회하다, 보상하다 cheer up 격려하다 achieve 달성하다 thus 따라서, 그래서 allow 하도록 하다 recover 회복하다 setback 좌절

TV 프로그램이나 영화에서 감동을 받았던 마지막 순간을 설명해 주세요. 왜 그렇게 감동적이었고 어떤 기분이 들었습니까?

I recently watched Dune in a movie theater and was deeply moved by its story and visuals. For one thing, the story was epic and immersive, so it was easy to get swept up by the scope of the sci-fi drama and action. I was so worried for the main character as he endured hardship after hardship. In addition, every scene was beautiful, whether it was a majestic shot of a desert sunset or a dreadful glimpse of a massive enemy army. These qualities came together to make me feel excited, afraid, and powerful by the end of the film.

저는 최근에 영화관에서 듄을 보고, 영화의 스토리와 영상미에 깊은 감동을 받았습니다. 우선, 스토리가 장대하고 몰입도가 높아서 공상 과학 드라마와 액션의 규모에 압도되기 쉬웠습니다. 저는 주인공이 너무 걱정스러웠는데 그는 계속되는 고난을 견뎌냈기 때문입니다. 게다가, 사막에서 석양의 장엄한 장면이나 거대한 적군의 무시무시한 모습 등 모든 장면이 아름다웠습니다. 이러한 요소들이 한데 어우러져 영화가 끝날 때까지 저를 설레게도 하고, 두렵게도 하고, 그리고 힘 있게도 만들었습니다.

어휘

moving 감동적인 visual 영상(미) for one thing 우선 epic 장대한, 서사의 immersive 몰입하는, 몰두하는 get swept up 휩쓸리다, 압도되다 scope 범위, 규모 sci-fi drama 공상 과학 드라마 action 액션 endure 견지다, 참다 hardship after hardship 계속되는 고난 in addition 게다가 scene 장면 majestic 장엄한 shot 장면 desert 사막 sunset 석양 dreadful 무시무시한, 두려운 glimpse 얼핏 보이는 모습 massive 거대한 quality 요소, 자질 come together 한데 어우러지다

Tip
- 정해진 글자 수는 없지만 시간 안에 최대한 자신의 생각과 영어 실력을 보여줄 수 있도록 길게 작성하기
- 반복되는 표현보다는, 다양한 표현을 사용하고 자신의 생각과 경험을 뒷받침할 수 있는 논리적인 글쓰기
- 반드시 마지막 30초 정도는 철자와 문법 검사에 시간 할애하기
- Interactive Writing과 마찬가지의 문제풀이 전략 적용하기
- 2022년부터 점수에 반영되며, 응시자가 지원하는 대학 기관에서 확인할 수 있음

Speaking Sample

I. 출제 경향 분석

유형 핵심 정보
- 응시자의 말하기 능력을 보여줄 수 있는 샘플(Speaking Sample) 영상 녹화
- 답변 준비 시간: 30초
- 문제 답변 시간: 최소 1분, 최대 3분
- 한 문제 출제(마지막 문제)

채점 항목
- 듣고 말하기 능력 (Conversation)
- 쓰고 말하기 능력 (Production)

시험 진행
① 화면 중앙에 보이도록 자신의 위치를 조정할 시간이 30초 주어짐

0:30

Speaking Sample

Make sure you are centered in the camera frame for the speaking sample.

NEXT

② 화면에 질문이 등장하면서 답변을 준비할 30초 시간이 주어짐

0:30

Prepare to speak about the topic below.

You will have 3 minutes to speak.

> Name a food that you will never eat again. Why do you dislike this food? What would you do if you were offered a lot of money to eat this food for one week?

RECORD NOW

③ 화면 좌측에 질문이, 우측에는 자신의 말하는 모습이 나오며, 최소 1분, 최대 3분의 말하기 시간 동안 답변 후 제출하기

3:00

Speak about the topic below for 3 minutes.

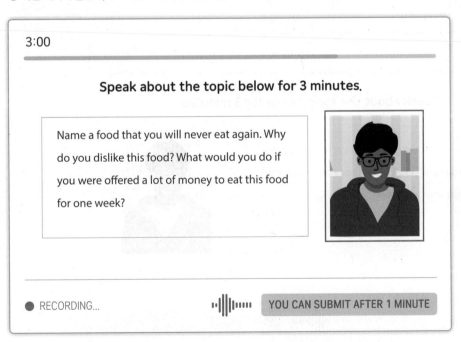

Name a food that you will never eat again. Why do you dislike this food? What would you do if you were offered a lot of money to eat this food for one week?

● RECORDING...   ıı|||ıııı YOU CAN SUBMIT AFTER 1 MINUTE

1

0:30

Prepare to speak about the topic below.
You will have 3 minutes to speak.

> Do you think we should always forgive others, regardless of
> how poorly they have behaved? Explain your reasoning.

RECORD NOW

3:00

Speak about the topic below for 3 minutes.

> Do you think we should always forgive others,
> regardless of how poorly they have behaved?
> Explain your reasoning.

● RECORDING...   YOU CAN SUBMIT AFTER 1 MINUTE

2

0:30

Prepare to speak about the topic below.
You will have 3 minutes to speak.

> Describe one way that people can make money using the Internet. What are some ways that you have thought about making money online? What are the benefits of earning income through the Internet?

RECORD NOW

3:00

Speak about the topic below for 3 minutes

> Describe one way that people can make money using the Internet. What are some ways that you have thought about making money online? What are the benefits of earning income through the Internet?

● RECORDING...   YOU CAN SUBMIT AFTER 1 MINUTE

1

당신은 사람들이 얼마나 나쁜 행동을 했는지에 상관없이 항상 용서해야 한다고 생각합니까? 당신의 추론을 설명하세요.

No matter how poorly a person has acted, it is always best for us to choose forgiveness, because it allows the relationship to heal and improve. Most of all, we can never know the full story behind why someone behaves poorly. Maybe the person was having a particularly difficult day or dealing with some terrible news. There's always some sort of motivation behind a person's negative actions, but we rarely know what it is. We can, however, prevent ourselves from judging them too harshly and decide to forgive them.

In addition, forgiveness will give the relationship a chance to heal. Without forgiveness, one negative action results in another, and this causes an endless cycle of negativity. The relationship will only worsen until there is no chance of saving it. However, if one person can decide to forgive the other, then the negative cycle ends. The relationship can return to normal or even become stronger than before. Therefore, forgiveness will always lead to better results.

사람이 아무리 잘못 행동했더라도 관계를 치유하고 개선할 수 있기 때문에, 우리가 용서를 선택하는 것이 항상 최선입니다. 무엇보다도, 우리는 누군가가 왜 나쁘게 행동하는지에 대한 전체 이야기를 결코 알 수 없습니다. 그가 특히 힘든 하루를 보냈거나 끔찍한 소식을 접하였을지도 모릅니다. 한 사람의 부정적인 행동 뒤에는 항상 일종의 동기가 있지만, 우리는 거의 알지 못합니다. 우리는, 하지만, 그들을 너무 가혹하게 판단하지 않고 용서하기로 결정할 수 있습니다.

게다가, 용서는 관계에 치유의 기회를 줄 것입니다. 용서가 없다면, 하나의 부정적인 행동은 또 다른 부정적 행동을 낳고, 이는 끝없는 부정적인 악순환을 야기합니다. 관계를 구할 기회가 없을 때까지 관계가 악화만 될 것입니다. 그러나, 한 사람이 다른 사람을 용서하기로 결정할 수 있다면, 부정적인 순환이 끝납니다. 그러면 관계가 정상으로 돌아가거나 이전보다 더 강해질 수 있습니다. 그러므로, 용서는 항상 더 나은 결과로 이어질 것입니다.

어휘

forgiveness 용서 relationship 관계 heal 치유하다 improve 개선하다 behave poorly 잘못(나쁘게) 행동하다 particularly 특히 deal with 다루다, 접하다 terrible 끔찍한 motivation 동기 rarely 거의 못한 prevent 막다 judge 판단하다 harshly 가혹하게 result in ~로 끝나다, ~한 결과를 낳다 normal 정상의 lead to ~로 이끌다, 이어지다

사람들이 인터넷을 사용하여 돈을 벌 수 있는 한 가지 방법을 설명하세요. 당신은 온라인으로 돈을 버는 것에 대해 생각한 방법이 무엇입니까? 인터넷을 통해 수입을 얻는 것에 어떤 이점이 있습니까?

One effective way to make money through the Internet is by providing services on online platforms. These days, there are a variety of websites people can utilize to provide a service. For instance, a teacher can offer online English classes to their students through a social media website.

In my case, I have thought about making money online by running a YouTube channel or selling products on my Instagram account. In fact, I have made some profit by selling clothes I bought in Korea to people overseas. It was incredibly simple since we could just communicate through social media without having to meet in person.

The major benefit of earning income through the Internet is that you can work anytime, anywhere. For example, if I were to run a YouTube channel, I could shoot videos in my free time and upload them from any place that has access to the Internet. Therefore, I think earning income through the Internet has many benefits for people in modern society.

인터넷을 통해 돈을 버는 효과적인 방법 중 하나는 온라인 플랫폼에서 서비스를 제공하는 것입니다. 요즘 사람들이 서비스를 제공하기 위해 활용할 수 있는 다양한 웹사이트가 있습니다. 예를 들어, 교사는 소셜 미디어 웹사이트를 통해 학생들에게 온라인 영어 수업을 제공할 수 있습니다.

제 경우, 유튜브 채널을 운영하거나 인스타그램 계정에서 제품을 판매하여 온라인으로 돈을 벌고 싶다는 생각을 했습니다. 사실, 저는 한국에서 산 옷을 해외 사람들에게 팔아서 약간의 이익을 봤습니다. 직접 만나지 않고도 소셜 미디어를 통해 소통할 수 있기 때문에 매우 간단했습니다.

인터넷을 통해 돈을 버는 것의 가장 큰 장점은 언제 어디서나 일할 수 있다는 것입니다. 예를 들어, 유튜브 채널을 열면, 자유로운 시간에 동영상을 촬영하고 인터넷에 접속할 수 있는 어느 곳에서든지 업로드할 수 있습니다. 따라서 저는 인터넷을 통한 소득 창출이 현대 사회의 사람들에게 많은 이점이 있다고 생각합니다.

어휘

a variety of 다양한 utilize 이용하다 run 운영하다 account 계정, 계좌 shoot 촬영하다 earn income 소득을 벌다, 소득을 창출하다 modern 현대

> **Tip**
> - 녹화된 영상을 통해 지원자의 얼굴은 물론 성격도 엿볼 수 있으므로, 당당하고 자신감 있는 표정과 말투에 신경 쓰기
> - 답변 시 개인적인 경험담을 예시로 사용하여 나에 대한 장점 부각하기
> - 시간에 맞춰 한 주제에 대해서 구체적으로 설명하며 말하는 연습하기
> - Read, Then Speak 및 Listen, Then Speak와 유사하므로, 이 유형들의 문제 풀이 전략 적용하기
> - 2023년부터 점수에 반영되며, 응시자가 지원하는 대학 기관에서 나의 스피킹 샘플 답변 영상을 확인할 수 있음

부록

DET 기출 어휘 1000

실제 Duolingo English Test 시험에 나온 단어 1000개를 엄선하였습니다.
[DET 기출 어휘 1000]을 통해 여러분이 시험에서 직접 마주칠 어휘들을 미리 만나보세요.

duolingo english test

0001	**abroad** [əbrɔ́ːd]	*adv.* 해외로	0016	**adjustable** [ədʒʌ́stəbl]	*adj.* 조정 가능한
0002	**abrupt** [əbrʌ́pt]	*adj.* 갑작스러운, 뜻밖의	0017	**administer** [ədmínistər]	*v.* 관리하다, 집행하다
0003	**academic** [ækədémik]	*adj.* 학업의, 학문적인, 학구적인	0018	**administration** [ədmìnistréiʃən]	*n.* 관리, 행정, 경영진
0004	**acceptable** [ækséptəbl] [əkséptəbl]	*adj.* 받아들일 수 있는, 인정할 만한	0019	**admire** [ədmáiər]	*v.* 존경하다, 감탄하다
0005	**accommodate** [əkámədeit]	*v.* 수용하다, 맞추다	0020	**adopt** [ədápt]	*v.* 채택하다, 입양하다
0006	**accountable** [əkáuntəbl]	*adj.* 책임 있는, 설명할 수 있는	0021	**advantage** [ədvǽntidʒ]	*n.* 유리, 이점, 장점
0007	**achieve** [ətʃíːv]	*v.* 성취하다, 달성하다	0022	**adventurous** [ədvéntʃərəs]	*adj.* 모험심이 강한
0008	**acidic** [əsídik]	*adj.* 산성의, 신	0023	**adverse** [ədvə́ːrs]	*adj.* 반대의, 부정적인
0009	**acknowledgement** (=acknowledgment) [æknálidʒmənt]	*n.* 승인, 인정	0024	**advise** [ədváiz]	*v.* 의논하다, 충고하다, 알리다
0010	**acoustic** [əkúːstik]	*adj.* 청각의, 음향의, 어쿠스틱(전기 앰프를 사용하지 않는 악기)	0025	**affect** [əfékt]	*v.* 영향을 미치다, 충격을 주다
0011	**across** [əkrɔ́ːs]	*adv.* 가로질러, 맞은편에 *prep.* ~을 가로지르는	0026	**affectionate** [əfékʃənət]	*adj.* 애정 깊은, 상냥한
0012	**adaptable** [ədǽptəbl]	*adj.* 적응할 수 있는	0027	**affirmative** [əfə́ːrmətiv]	*n.* 긍정의 말 *adj.* 긍정하는
0013	**add** [æd]	*v.* 합치다, 추가하다	0028	**affordable** [əfɔ́ːrdəbl]	*adj.* 감당할 수 있는, 알맞은
0014	**addictive** [ədíktiv]	*adj.* 중독성의, 습관성의	0029	**aftermath** [ǽftərmæθ]	*n.* 여파, 영향
0015	**address** *n.*[ǽdres] *v.*[ədrés]	*n.* 연설, 주소 *v.* 연설하다, 주소를 쓰다, 처리하다	0030	**afterward** [ǽftərwərd]	*adv.* 후에, 나중에
			0031	**agreeable** [əgríːəbl]	*adj.* 기분 좋은, 받아들일 수 있는, 알맞은
			0032	**aimless** [éimlis]	*adj.* 목적 없는, 방향을 잃은

0033	**alcoholic** [æ̀lkəhɔ́:lik]	*n.* 알코올 중독자 *adj.* 술의, 알코올성의	0050	**angular** [ǽŋgjələr]	*adj.* 모난, 각도의, 뼈가 앙상한
0034	**alignment** [əláinmənt]	*n.* 가지런함	0051	**animated** [ǽnəmèitid]	*adj.* 활기찬, 만화 영화로 된
0035	**allegedly** [əlédʒidli]	*adv.* 주장하는 바에 따 르면, 전해진 바에 의하면	0052	**anniversary** [æ̀nəvɔ́:rsəri]	*n.* 기념일
0036	**allocation** [æ̀ləkéiʃən]	*n.* 할당, 배당액	0053	**annual** [ǽnjuəl]	*n.* 연보, 졸업 앨범 *adj.* 1년에 걸치는, 해마다의
0037	**allow** [əláu]	*v.* 허락하다, 할 수 있게 해주다	0054	**antique** [æntí:k]	*n.* 골동품 *adj.* 골동품인
0038	**allowance** [əláuəns]	*n.* 수당, 용돈, 공제, 허용	0055	**anxiously** [ǽŋkʃəsli]	*adv.* 걱정스럽게, 애타게
0039	**along with**	~과 함께	0056	**apparently** [əpǽrəntli]	*adv.* 겉으로 보기에, 분명히
0040	**alter** [ɔ́:ltər]	*v.* 변하다, 바꾸다	0057	**appeal** [əpí:l]	*n.* 간청, 호소, 매력 *v.* 호소하다, 인기가 있다
0041	**alternatively** [ɔ:ltɔ́:rnətivli]	*adv.* 대신에, 양자택일로	0058	**appear** [əpíər]	*v.* 나타나다, ~인 것같이 보이다
0042	**altruism** [ǽltru:ìzm]	*n.* 이타주의, 이타심	0059	**apply for**	~에 지원하다
0043	**amateur** [ǽmətʃər]	*n.* 아마추어, 비전문가 *adj.* 취미로 하는, 아마추어의	0060	**appreciate** [əprí:ʃièit]	*v.* 진가를 알아보다, 고마워하다, (제대로) 인식하다
0044	**amazing** [əméiziŋ]	*adj.* 놀라운, 멋진, 기가 막힌	0061	**approachable** [əpróutʃəbl]	*adj.* 접근 가능한, 말을 붙이기 쉬운
0045	**ambiguous** [æmbígjuəs]	*adj.* 애매모호한	0062	**area** [ɛ́əriə]	*n.* 지역, 구역, 면적
0046	**amend** [əménd]	*v.* 고치다, 개정하다	0063	**argue** [á:rgju:]	*v.* 주장을 하다, 언쟁을 하다, 분명히 보여주다
0047	**amplifier** [ǽmpləfàiər]	*n.* 확대하는 사람(것), 앰프, 증폭기	0064	**arise** [əráiz]	*v.* 발생하다, 생기다, 일어나다
0048	**amusement** [əmjú:zmənt]	*n.* 재미, 오락	0065	**armed** [a:rmd]	*adj.* 무장한
0049	**ancient** [éinʃənt]	*n.* 고대인 *adj.* 고대의, 오래된			

0066	**article** [á:rtikl]	*n.* 기사, 논문, 물품, 관사 *v.* 열거하다
0067	**as such**	따라서, 그렇게
0068	**as well**	~도 또한, 역시
0069	**assault** [əsɔ́:lt]	*n.* 공격, 폭행 *v.* 공격하다, 폭행하다
0070	**assertive** [əsə́:rtiv]	*adj.* 적극적인, 확신에 찬
0071	**assignment** [əsáinmənt]	*n.* 과제, 임무, 배정
0072	**assistant** [əsístənt]	*n.* 조수, 보조원 *adj.* 부-, 조-
0073	**assorted** [əsɔ́:rtid]	*adj.* 여러 가지의, 갖가지
0074	**at any rate**	어쨌든, 적어도, 하여튼
0075	**attach** [ətǽtʃ]	*v.* 붙이다, 달라붙다
0076	**attend** [əténd]	*v.* 출석하다, 다니다, 돌보다
0077	**attendance** [əténdəns]	*n.* 출석, 참석자 수, 입장객 수
0078	**attitude** [ǽtitjù:d]	*n.* 태도, 사고방식, 자세
0079	**attorney** [ətə́:rni]	*n.* 변호사, 대리인
0080	**attractiveness** [ətrǽktivnis]	*n.* 매력
0081	**audience** [ɔ́:diəns]	*n.* 청중, 관객, 지지자
0082	**august** [ɔ:gʌ́st]	*adj.* 위엄 있는, 존엄한
0083	**author** [ɔ́:θər]	*n.* 작가, 저자
0084	**authority** [əθɔ́:rəti]	*n.* 당국, 권위, 권한
0085	**autonomy** [ɔ:tánəmi]	*n.* 자치권, 자주성
0086	**available** [əvéiləbl]	*adj.* 이용 가능한
0087	**average** [ǽvəridʒ]	*n.* 평균, 보통 *adj.* 평균의
0088	**aviator** [éivièitər]	*n.* 비행사, 조종사
0089	**avoid** [əvɔ́id]	*v.* 피하다, 예방하다
0090	**award** [əwɔ́:rd]	*n.* 상, 상금 *v.* 수여하다, 주다
0091	**awesome** [ɔ́:səm]	*adj.* 경탄할 만한, 엄청난, 훌륭한
0092	**bachelor** [bǽtʃələr]	*n.* 학사, 미혼 남성
0093	**ballot** [bǽlət]	*n.* 무기명 투표 *v.* 무기명 투표를 실시하다
0094	**ban** [bæn]	*n.* 금지 *v.* 금지하다
0095	**barely** [béərli]	*adv.* 간신히, 겨우
0096	**basis** [béisis]	*n.* 기초, 근거, 원리
0097	**bay** [bei]	*n.* (바다) 만
0098	**beach** [bi:tʃ]	*n.* 해변, 바닷가
0099	**bear** [bɛər]	*v.* 낳다, 견디다
0100	**bear the brunt of**	~의 맹공을 정면에서 견디다

0101	**belong** [bilɔ́:ŋ]	v. 속하다, 소속하다	0117	**bother** [báðər]	v. 귀찮게 하다, 신경쓰다
0102	**bend** [bend]	v. 굽히다, 휘다	0118	**boundary** [báundri]	n. 경계(선)
0103	**beverage** [bévəridʒ]	n. 음료	0119	**bountiful** [báuntifəl]	adj. 풍부한, 너그러운
0104	**bias** [báiəs]	n. 편견, 치우침	0120	**brace** [breis]	n. 버팀대, 보호대 v. 대비를 하다, 떠받치다
0105	**bike** [baik]	n. 자전거, 오토바이 v. 자전거(오토바이)를 타다	0121	**bracket** [brǽkit]	n. 선반, 괄호, 계층 v. 선반을 달다, 괄호로 묶다
0106	**billiards** [bíljərdz]	n. 당구	0122	**braid** [breid]	n. 땋은 머리 v. (머리, 줄을) 땋다, 꼬다
0107	**biodiversity** [baioudivə́:rsəti]	n. 생물 다양성	0123	**branch** [brænʧ]	n. 나뭇가지, 지사, 분과 v. 갈라지다, 나뉘다
0108	**biofuel** [báioufjù:əl]	n. 바이오 연료	0124	**breeze** [bri:z]	n. 산들바람, 미풍
0109	**bitterly** [bítərli]	adv. 몹시, 심하게	0125	**brewing** [brú:iŋ]	n. 양조, 양조주
0110	**bizarre** [bizá:r]	adj. 기괴한, 별난	0126	**bribery** [bráibəri]	n. 뇌물 수수
0111	**block** [blak]	n. 덩어리, 블록 v. 차단하다, 방해하다	0127	**brick** [brik]	n. 벽돌
0112	**blonde (=blond)** [bland]	n. 금발 머리 여자 adj. 금발 머리인	0128	**brief** [bri:f]	n. 개요, 짧은 기사 v. 간단히 알리다, 요약하다 adj. 잠시의, 간결한
0113	**blow** [blou]	n. 한 줄기 바람, 코 풀기 v. 바람에 날리다, 불다, 폭파하다	0129	**bright** [brait]	adj. 밝은, 빛나는
0114	**blown away**	크게 감동받은	0130	**brilliant** [bríljənt]	adj. 훌륭한, 눈부신, 멋진
0115	**boarding school** [bɔ́:rdiŋ sku:l]	n. 기숙학교	0131	**broad** [brɔ:d]	adj. 폭넓은
0116	**boost** [bu:st]	n. 증대, 격려 v. 돋우다, 밀어올리다, 증가하다	0132	**brutal** [brú:tl]	adj. 잔인한, 야만적인, 냉엄한

0133	**budget** [bʌ́dʒit]	n. 예산
0134	**bun** [bʌn]	n. 둥근 빵, 쪽진 둥근 머리
0135	**burning** [bə́:rniŋ]	n. 연소 adj. 불타는, 중대한
0136	**business** [bíznis]	n. 일, 기업, 사업 adj. 직업상의
0137	**by ~ing**	~함으로써
0138	**cabinet** [kǽbinət]	n. 장식장, 캐비닛, 내각 adj. 내각의, 기밀의, 장식장의
0139	**calamity** [kəlǽməti]	n. 재앙, 재난
0140	**calculate** [kǽlkjulèit]	v. 계산하다, 추산하다
0141	**camel** [kǽməl]	n. 낙타
0142	**campaign** [kæmpéin]	n. 캠페인, 유세 (선거 운동) v. 캠페인을 벌이다
0143	**capacity** [kəpǽsəti]	n. 수용력(양), 용량, 성능 adj. 최대한의, 꽉 찬
0144	**capital** [kǽpətl]	n. 수도, 대문자, 자본 adj. 대문자의
0145	**capricious** [kəpríʃəs]	adj. 변덕스러운, 잘 변하는
0146	**capture** [kǽptʃər]	n. 포획, 점령 v. 붙잡다, 점령하다, 사로잡다
0147	**career** [kəríər]	n. 직업, 직장생활
0148	**cargo** [ká:rgou]	n. 화물, 짐

0149	**carrot** [kǽrət]	n. 당근
0150	**carry** [kǽri]	n. 운반 v. 나르다, 지니다, 도달하다
0151	**cautiously** [kɔ́:ʃəsli]	adv. 조심스럽게
0152	**ceaseless** [síːsləs]	adj. 끊임없는
0153	**celebrate** [séləbrèit]	v. 기념하다, 축하하다
0154	**certain** [sə́:rtn]	n. 몇 개, 몇 사람 adj. 특정한, 확실한, 어떤
0155	**chairman** [tʃéərmən]	n. 의장, 사회자, 책임자 v. 의(회)장직을 맡다, 사회하다
0156	**challenging** [tʃǽlindʒiŋ]	adj. 도전적인, 힘든
0157	**chaos** [kéias]	n. 혼돈, 무질서
0158	**chaotic** [keiátik]	adj. 혼돈된, 무질서한
0159	**charm** [tʃaːrm]	n. 매력, 마법, 장식 v. 매혹하다, 매력이 있다, 마법을 걸다
0160	**chat** [tʃæt]	n. 담소, 수다, 채팅 v. 이야기를 나누다, 수다를 떨다, 채팅하다
0161	**cheery** [tʃíəri]	adj. 기분 좋은, 명랑한
0162	**chemical** [kémikəl]	n. 화학 제품 adj. 화학의
0163	**chew** [tʃuː]	n. 씹기 v. 씹다, 심사숙고하다

0164	**childbirth** [tʃáildbɜːrθ]	*n.* 출산, 분만
0165	**chilly** [tʃíli]	*adj.* 쌀쌀한, 냉담한
0166	**chore** [tʃɔːr]	*n.* 가사, 잡일
0167	**choreography** [kɔ̀(ː)riágrəfi]	*n.* 안무, 연출
0168	**cigarette** [sìgərét]	*n.* 담배, 궐련
0169	**circuit** [sə́ːrkit]	*n.* 순회, 회로 *v.* 순회하다
0170	**citizenship** [sítizənʃip]	*n.* 시민권
0171	**claw** [klɔː]	*n.* (동물의) 발톱, 집게발
0172	**clear** [kliər]	*adj.* 분명한, 맑은 *v.* 제거하다, 맑아 지다
0173	**clichéd** [kliːʃéid]	*adj.* 상투적인
0174	**clown** [klaun]	*n.* 어릿광대 *v.* 광대 짓을 하다
0175	**coast** [koust]	*n.* 해안
0176	**cognitive** [kágnitiv]	*adj.* 인식의, 인지의
0177	**coherent** [kouhíərənt]	*adj.* 일관성 있는, 조화로운, 응집성의
0178	**coincide** [kòuinsáid]	*adj.* 동시에 일어나다, 일치하다, 만나다
0179	**colleague** [káliːg]	*n.* (직장) 동료
0180	**college** [kálidʒ]	*n.* 대학, 전문학교, 단과 대학
0181	**combination** [kámbənéiʃən]	*n.* 조합
0182	**comedian** [kəmíːdiən]	*n.* 희극 배우, 코미디언
0183	**commitment** [kəmítmənt]	*n.* 약속, 전념, 헌신
0184	**communism** [kámjunìzm]	*n.* 공산주의
0185	**community** [kəmjúːnəti]	*n.* 공동체, 지역 사회, 집단, 공중
0186	**commute** [kəmjúːt]	*n.* 통근, 통학 *v.* 통근하다
0187	**companion** [kəmpǽnjən]	*n.* 동반자, 동지
0188	**company** [kámpəni]	*n.* 동료, 일행, 회사 *v.* 사귀다, 동행하다
0189	**comparable** [kámpərəbl]	*adj.* 비슷한, 비교할 만한
0190	**compassion** [kəmpǽʃən]	*n.* 연민, 동정심
0191	**competent** [kámpətənt]	*adj.* 유능한, 잘 하는, 충분히 자격이 있는
0192	**completely** [kəmplíːtli]	*adv.* 완전히, 전적으로
0193	**composed of**	~로 구성된
0194	**comprehension** [kàmprihénʃən]	*n.* 이해력, 포함
0195	**compressed** [kəmprést]	*adj.* 압축된, 간결한
0196	**compulsory** [kəmpʌ́lsəri]	*adj.* 의무적인, 필수의
0197	**concern** [kənsə́ːrn]	*n.* 우려, 관심 *v.* ~에 관계가 있다, 중요하다, 걱정시키다

0198	**concrete** [kánkri:t]	*n.* 콘크리트 *adj.* 구체적인 *v.* 콘크리트를 바르다
0199	**confuse** [kənfjú:z]	*v.* 혼란스럽게 만들다
0200	**confusion** [kənfjú:ʒən]	*n.* 혼란, 당황
0201	**connect** [kənékt]	*v.* 연결하다, 관련짓다
0202	**consecutive** [kənsékjutiv]	*adj.* 연속적인, 일관된
0203	**consensus** [kənsénsəs]	*n.* 의견 일치, 합의
0204	**considerate** [kənsídərət]	*adj.* 이해심이 있는, 사려 깊은
0205	**consistently** [kənsístəntli]	*adv.* 끊임없이, 일관되게
0206	**constant** [kánstənt]	*n.* 일정불변의 것, 상수 *adj.* 일정한, 지속적인
0207	**constituency** [kənstítʃuənsi]	*n.* 선거구, 선거구민, 지지층
0208	**constitutional** [kànstətú:ʃənl]	*adj.* 헌법의, 구조상의
0209	**constraint** [kənstréint]	*n.* 강제, 압박, 제한, 어색함
0210	**consumption** [kənsámpʃən]	*n.* 섭취, 소비, 소모
0211	**contender** [kənténdər]	*n.* 도전자, 경쟁자
0212	**contentedly** [kənténtidli]	*adv.* 만족스럽게
0213	**continually** [kəntínjuəli]	*adv.* 계속해서, 끊임없이
0214	**contraceptive** [kàntrəséptiv]	*n.* 피임약, 피임기구 *adj.* 피임의
0215	**contradictive** [kàntrədíktiv]	*adj.* 모순되는, 모순이 있는
0216	**contradictory** [kàntrədíktəri]	*adj.* 모순된, 반박의
0217	**contribute** [kəntríbju:t]	*v.* 기부하다, 기여하다
0218	**controversial** [kàntrəvə́:rʃəl]	*adj.* 논란이 있는, 논쟁을 좋아하는
0219	**conversation** [kànvərséiʃən]	*n.* 대화, 회화
0220	**coordinate** *n. adj.* [kouɔ́:rdənət] *v.* [kouɔ́:rdənèit]	*n.* 동등한 사람, 좌표 *adj.* 동등한 *v.* 조정하다
0221	**core** [kɔr]	*n.* 핵심, 중심핵 *v.* 중심부에서 잘라내다 *adj.* 핵심의
0222	**corporation** [kɔ̀:rpəréiʃən]	*n.* 법인, 단체, 기업
0223	**corrosive** [kəróusiv]	*adj.* 부식성의, 좀먹는
0224	**cosmology** [kazmálədʒi]	*n.* 우주론
0225	**costly** [kɔ́:stli]	*adj.* 돈이 많이 드는, 손실이 큰, 낭비하는
0226	**county** [káunti]	*n.* 자치주
0227	**courageous** [kəréidʒəs]	*adj.* 용감한
0228	**coursework** [kɔ́:rswə̀:rk]	*n.* 수업 활동
0229	**cover** [kávər]	*n.* 덮개, 표지 *v.* 덮다, 미치다, 포함하다
0230	**crackdown** [krǽkdaun]	*n.* 단속, 탄압

0231	**crafty** [krǽfti]	adj. 교활한, 술책이 뛰어난
0232	**crane** [krein]	n. 기중기, 학, 두루미
0233	**create** [kriéit]	v. 창조하다, 만들다
0234	**creature** [krí:tʃər]	n. 창조물, 생명체
0235	**credibility** [krèdəbíləti]	n. 신뢰성, 신용
0236	**crisis** [kráisis]	n. 위기, 중대한 기로, 고비
0237	**critical** [krítikəl]	adj. 중요한, 비판적인
0238	**criticism** [krítəsìzm]	n. 비평, 비판, 혹평
0239	**cross over**	건너가다, 지나가다
0240	**crowded** [kráudid]	adj. 붐비는
0241	**cruelty** [krú:əlti]	n. 잔인함, 학대
0242	**cryptography** [kriptágrəfi]	n. 암호학, 암호 작성 (해독)법
0243	**cuisine** [kwizí:n]	n. 요리, 요리법
0244	**cultural** [kʌ́ltʃərəl]	adj. 문화의, 교양적인, 경작의
0245	**curable** [kjúərəbl]	adj. 치료할 수 있는, 고칠 수 있는
0246	**curb** [kə:rb]	n. 제한하는 것 v. 억제하다
0247	**cure** [kjuər]	n. 치료(법), 치료제, 치유 v. 치료하다, 낫다
0248	**curiosity** [kjùəriásəti]	n. 호기심, 진기한 것
0249	**curly hair** [kə́:rli hɛər]	n. 곱슬머리
0250	**current** [kə́:rənt]	n. 흐름, 경향 adj. 현재의
0251	**curve** [kə:rv]	n. 곡선, 굴곡 v. 구부러지다, 곡선을 그리다
0252	**customer** [kʌ́stəmər]	n. 고객, 단골, 거래처
0253	**damage** [dǽmidʒ]	n. 손해, 손상 v. 손해를 입히다, 다치다
0254	**damned** [dǽmd]	adj. 저주 받은 adv. 지독하게, 굉장히
0255	**dazed** [deizd]	adj. 멍한, 아찔해진
0256	**deal with**	~을 다루다, 처리하다
0257	**dearth** [də:rθ]	n. 부족, 결핍
0258	**decline** [dikláin]	n. 감소 v. 줄어들다, 거절하다
0259	**decorative** [dékərətiv]	adj. 장식용의
0260	**dedicated** [dédikèitid]	adj. 헌신적인, 전용의
0261	**defensive** [difénsiv]	adj. 방어의, 방어적인, 수비의
0262	**define** [difáin]	v. 정의하다
0263	**delighted** [diláitid]	adj. 아주 기뻐하는, 즐거워하는
0264	**deliver** [dilívər]	v. 배달하다, 넘겨주다, 출산하다

0265	**demonstration** [dèmənstréiʃən]	*n.* 논증, 실연, 표명, 시위
0266	**depend on**	~에 의존하다, ~에 의해 결정되다
0267	**depict** [dipíkt]	*v.* 그리다, 묘사하다
0268	**depressing** [diprésiŋ]	*adj.* 우울한
0269	**depth** [depθ]	*n.* 깊이
0270	**descend** [disénd]	*v.* 내려가다, 전해지다, 유래하다
0271	**descendant** [diséndənt]	*n.* 자손, 후손
0272	**describe** [diskráib]	*v.* 묘사하다, 설명하다
0273	**deserted** [dizə́:rtid]	*adj.* 인적이 끊긴, 사람이 살지 않는, 버림받은
0274	**dessert** [dizə́:rt]	*n.* 후식, 디저트 *adj.* 디저트용의
0275	**destination** [dèstənéiʃən]	*n.* 목적지, 도착지, 운명
0276	**destroy** [distrɔ́i]	*v.* 파괴하다, 망치다
0277	**detail** [dí:teil] [ditéil]	*n.* 세부 사항, 세부(묘사) *v.* 상술하다
0278	**deterioration** [ditìəriəréiʃən]	*n.* 악화, 하락, 저하
0279	**determined** [ditə́:rmind]	*adj.* 단단히 결심한, 확정된
0280	**develop** [divéləp]	*v.* 키우다, 개발하다

0281	**device** [diváis]	*n.* 장치, 고안
0282	**dialect** [dáiəlèkt]	*n.* 방언, 사투리
0283	**dice** [dais]	*n.* 주사위, 주사위 놀이 *v.* 주사위꼴로 썰다
0284	**directly** [diréktli] [dairéktli]	*adv.* 즉시, 직접적으로
0285	**disability** [dìsəbíləti]	*n.* 장애, 핸디캡
0286	**disadvantage** [dìsədvǽntidʒ]	*n.* 불리한 점, 단점, 손해 *v.* 불리하게 하다, 손해를 입히다
0287	**disarray** [dìsəréi]	*n.* 혼란 *v.* 혼란시키다, 어지럽히다
0288	**discharge** [distʃá:rdʒ]	*n.* 방출 *v.* 배출하다, 퇴원시키다
0289	**discomfort** [diskʌ́mfərt]	*n.* 불편 *v.* 불편하게 하다
0290	**discount** [dískaunt]	*n.* 할인, 할인액 *v.* 할인하다, 무시하다
0291	**discovery** [diskʌ́vəri]	*n.* 발견
0292	**discrimination** [diskrìmənéiʃən]	*n.* 차별
0293	**disease** [dizí:z]	*n.* 질병, 폐해 *v.* 병에 걸리게 하다
0294	**disgustedly** [disgʌ́stidli]	*adv.* 진저리치게
0295	**disillusioned** [dìsilú:ʒənd]	*adj.* 환멸을 느낀
0296	**disk** [disk]	*n.* 원반, 표면

0297	**dismount** [dismáunt]	v. (말·자전거·오토바이에서) 내리다
0298	**disorder** [disɔ́:rdər]	n. 무질서, 장애 v. 어지럽히다, 혼란시키다
0299	**dispose** [dispóuz]	v. 배치하다, 처리하다
0300	**disputable** [dispjú:təbl]	adj. 논란의 여지가 있는
0301	**disruptive** [disráptiv]	adj. 분열시키는, 파괴적인
0302	**dissolve** [dizálv]	v. 녹다, 용해시키다, 해산하다
0303	**distinction** [distíŋkʃən]	n. 구별, 차이, 특징, 우수성
0304	**distinguished** [distíŋgwiʃt]	adj. 저명한, 뛰어난
0305	**district** [dístrikt]	n. 지구, 지역, 선거구
0306	**diversity** [divə́:rsəti] [daivə́:rsəti]	n. 다양성
0307	**divert** [divə́:rt] [daivə́:rt]	v. 방향을 바꾸게 하다, (생각, 관심을) 다른 데로 돌리다
0308	**doorstep** [dɔ́rstèp]	n. 현관, 문 앞 v. 호별 방문하다
0309	**dot** [dat]	n. 점 v. 점을 찍다, 여기저기 흩어져 있다
0310	**doubtful** [dáutfəl]	adj. 의심스러운, 확신이 없는
0311	**downstream** [dàunstrí:m]	n. 하류 부분 adj. 하류의 adv. 하류에, 강 아래로

0312	**drag oneself**	발을 질질 끌며 걷다, 억지로 가다
0313	**dramatic** [drəmǽtik]	adj. 극적인, 연극의
0314	**drawing** [drɔ́:iŋ]	n. 그림
0315	**drizzle** [drízl]	n. 보슬비, 이슬비 v. 비가 보슬보슬 내리다
0316	**drop** [drap]	n. (액체의) 방울 v. 떨어지다
0317	**droplet** [dráplit]	n. 작은 물방울
0318	**drought** [draut]	n. 가뭄
0319	**drug** [drʌg]	n. 약, 마약, 의약품 v. 약을 타다, 약을 먹이다
0320	**easygoing** [ì:zigóuiŋ]	adj. 느긋한, 태평스러운
0321	**eclipse** [iklíps]	n. (일식월식의) 식
0322	**economic** [èkənámik] [ì:kənámik]	adj. 경제의, 경제적인
0323	**economist** [ikánəmist]	n. 경제학자
0324	**elect** [ilékt]	v. 선출하다, 선택하다 adj. 선발된, 선출된
0325	**electrician** [ìlektríʃən]	n. 전기 기사
0326	**electron** [iléktra:n]	n. 전자
0327	**elementary** [èləméntəri]	adj. 초보적인, 기본적인, 초등학교의

0328	**eliminate** [ilímənèit]	v. 제거하다, 없애다, 탈락시키다	0345	**enlighten** [inláitn]	v. 이해시키다, 깨우치다
0329	**elliptical** [ilíptikəl]	adj. 타원형의, 생략의	0346	**enrich** [inrítʃ]	v. 부유하게 하다, 풍부하게 하다
0330	**eloquent** [éləkwənt]	adj. 웅변을 잘 하는, 유창한	0347	**enrollment** [inróulmənt]	n. 등록, 입학, 입대
0331	**embarrass** [imbǽrəs]	v. 어리둥절하게 하다, 방해하다, 당황하다	0348	**ensure** [inʃúər]	v. 보장하다, 안전하게 하다
0332	**embrace** [imbréis]	n. 포옹, 받아들임 v. 포옹하다, 기꺼이 받아들이다	0349	**entertainer** [èntərtéinər]	n. 연예인
0333	**emotion** [imóuʃən]	n. 감동, 감정	0350	**enthusiastic** [inθù:ziǽstik]	adj. 열렬한, 열광적인
0334	**emphasize** [émfəsàiz]	v. 강조하다	0351	**entire** [intáiər]	adj. 전체의, 온
0335	**employee** [implɔ́ii:]	n. 직원	0352	**entry** [éntri]	n. 입장, 입국, 가입, 입구
0336	**empower** [impáuər]	v. 권한을 주다	0353	**eradicate** [irǽdəkèit]	v. 뿌리째 뽑다, 근절하다
0337	**empty** [émpti]	v. 비우다, 흘러들다 adj. 비어 있는, 공허한	0354	**error** [érər]	n. 실수, 오류
0338	**enable** [inéibl]	v. ~을 할 수 있게 하다	0355	**erstwhile** [ɔ́:rstwail]	adj. 이전의, 옛 adv. 이전에, 옛날에
0339	**encounter** [inkáuntər]	n. 만남, 접촉, 시합 v. 맞닥뜨리다, 접하다	0356	**especially** [ispéʃəli]	adv. 특히, 주로
0340	**encouraging** [inkɔ́:ridʒiŋ]	adj. 장려하는, 고무적인	0357	**ethical** [éθikəl]	adj. 윤리적인, 도덕적인
0341	**endorse** [indɔ́:rs]	v. 지지하다, 광고하다	0358	**evaluate** [ivǽljuèit]	v. 평가하다, 값을 산정하다
0342	**engage in**	~에 종사하다, 관여하다, 참여하다	0359	**even** [í:vən]	adj. 평평한, 균등한, 짝수의 adv. 심지어 ~도, 훨씬 더
0343	**enhance** [inhǽns]	v. 높이다, 향상시키다	0360	**eventually** [ivéntʃuəli]	adv. 결국, 마침내
0344	**enlarge** [inlá:rdʒ]	v. 확대하다, 확장하다			

0361	**evolution** [èvəlú:ʃən]	*n.* 진화, 발전
0362	**exalt** [igzɔ́:lt]	*v.* 승격시키다, 칭송하다
0363	**exceptional** [iksépʃənl]	*adj.* 특출한, 극히 예외적인
0364	**excessive** [iksésiv]	*adj.* 지나친, 과도한
0365	**exclusively** [iksklú:sivli]	*adv.* 독점적으로, 오로지 (~만)
0366	**exempt** [igzémpt]	*v.* 면제하다, 면제받다 *adj.* 면제되는
0367	**exercise** [éksərsàiz]	*n.* 운동, 연습 *v.* 운동하다
0368	**exhale** [ekshéil]	*v.* 숨을 내쉬다
0369	**exhausted** [igzɔ́:stid]	*adj.* 다 써버린, 기진맥진한
0370	**exit** [éksit] [égzɪt]	*n.* 출구, 퇴장, 떠남 *v.* 나가다, 퇴장하다
0371	**expand** [ikspǽnd]	*v.* 확장하다
0372	**experience** [ikspíəriəns]	*n.* 경험 *v.* 경험하다, 경험하여 알다
0373	**expire** [ikspáiər]	*v.* 만료되다
0374	**explanation** [èksplənéiʃən]	*n.* 설명
0375	**explore** [iksplɔ́:r]	*v.* 탐험(탐구, 분석)하다
0376	**exposure** [ikspóuʒər]	*n.* 노출, 폭로
0377	**express** [iksprés]	*n.* 급행 *v.* 표현하다, 나타내다 *adj.* 급행의, 명시된 *adv.* 급행으로
0378	**extend** [iksténd]	*v.* 확장하다, 늘이다, 뻗다
0379	**extinction** [ikstíŋkʃən]	*n.* 멸종, 폐지, (불)끄기
0380	**extract** *n.* [ékstrækt] *v.* [ikstrǽkt]	*n.* 추출물, 발췌 *v.* 추출하다, 인용하다, 빼내다
0381	**extrovert** [ékstrəvə̀:rt]	*n.* 외향적인 사람 *adj.* 사교적인
0382	**face** [feis]	*n.* 얼굴, 표정 *v.* 직면하다
0383	**facilitate** [fəsílətèit]	*v.* 용이하게 하다, 촉진하다
0384	**fairly** [féərli]	*adv.* 상당히, 공정하게
0385	**familiarize** [fəmíljəràiz]	*v.* 익숙하게 하다
0386	**fascinating** [fǽsənèitiŋ]	*adj.* 대단히 흥미로운, 매력적인
0387	**fashionable** [fǽʃənəbl]	*adj.* 멋진, 최신 유행의
0388	**faultless** [fɔ́:ltləs]	*adj.* 흠잡을 데 없는, 완벽한
0389	**faulty** [fɔ́:lti]	*adj.* 잘못된, 흠이 있는
0390	**feature** [fí:tʃər]	*n.* 특징, 특집 기사 *v.* ~을 특징으로 하다
0391	**feckless** [fékləs]	*adj.* 무기력한, 무책임한
0392	**field** [fi:ld]	*n.* 분야, 들판

0393	**figure out**	알아내다, 파악하다	
0394	**fingernail** [fíŋgərneil]	*n.* 손톱	
0395	**firm** [fə:rm]	*n.* 회사 *adj.* 단단한, 확고한	
0396	**fitness** [fítnəs]	*n.* 건강, 체력, 적성	
0397	**fix** [fiks]	*n.* 수리, 해결 *v.* 고정시키다, 고치다	
0398	**flour** [fláuər]	*n.* 밀가루, 가루	
0399	**flourish** [flə́:riʃ]	*v.* 번창하다, 성장하다	
0400	**flu** [flu]	*n.* 독감	
0401	**footbridge** [fútbrìdʒ]	*n.* (보행자용) 인도교	
0402	**force** [fɔ:rs]	*n.* 힘, 영향력, 군사력 *v.* 강요하다, ~하도록 만들다	
0403	**forgive** [fərgív]	*v.* 용서하다	
0404	**form** [fɔrm]	*n.* 형태, 종류, 형식 *v.* 형성하다, 구성하다	
0405	**formidable** [fərmídəbl]	*adj.* 무서운, 강력한	
0406	**fort** [fɔ:rt]	*n.* 요새, 성채, 보루	
0407	**fortunate** [fɔ́:rtʃənət]	*adj.* 운이 좋은, 다행한	
0408	**found** [faund]	*v.* 창단하다, 설립하다, 근거하다	
0409	**fragrant** [fréigrənt]	*adj.* 향기로운, 향긋한	
0410	**fraudulent** [frɔ́:dʒulənt]	*adj.* 사기의, 부정의	
0411	**frightened** [fráitnd]	*adj.* 겁먹은, 무서워하는	
0412	**frown** [fraun]	*n.* 찡그림 *v.* 얼굴을 찌푸리다	
0413	**fuel** [fjú:əl]	*n.* 연료 *v.* 연료를 보급하다	
0414	**full-time** [fùl táim]	*adj.* 전임의 *adv.* 전임으로, 상근으로	
0415	**fundamental** [fʌ̀ndəméntl]	*n.* 기본, 근본, 원리 *adj.* 기본적인, 근본적인	
0416	**gain** [gein]	*n.* 벌이, 이득, 획득 *v.* 얻다, 벌다	
0417	**gap year** [gǽp jiər]	*n.* 갭이어(흔히 고교 졸업 후 대학 생활을 시작하기 전에 일을 하거나 여행을 하면서 보내는 1년)	
0418	**garbage** [gá:rbidʒ]	*n.* 쓰레기	
0419	**generally** [dʒénərəli]	*adv.* 대체로, 일반적으로	
0420	**generous** [dʒénərəs]	*adj.* 너그러운, 후한	
0421	**genetics** [dʒənétiks]	*n.* 유전학, 유전적 특징	
0422	**genre** [ʒá:nrə]	*n.* 유형, 장르	
0423	**giant** [dʒáiənt]	*n.* 거인, 거성, 거장 *adj.* 거대한	
0424	**giggle** [gígl]	*n.* 낄낄 웃음 *v.* 낄낄대며 웃다	
0425	**gleefully** [glí:fəli]	*adv.* 유쾌하게, 신나서	

0426	**goal** [goʊl]	n. 목표, 목적지, 골
0427	**government** [gʌ́vərnmənt]	n. 정부
0428	**grace** [greis]	n. 우아함 v. 우아하게 하다
0429	**graffiti** [grəfí:ti]	n. (공공장소의) 낙서, 그래피티
0430	**grasp** [græsp]	n. 움켜잡기, 파악 v. 붙잡다, 파악하다
0431	**grass** [græs]	n. 풀, 잔디 v. 풀을 뜯다, 풀을 먹이다
0432	**gratitude** [grǽtətjù:d]	n. 고마움, 감사
0433	**Great Depression** [greit diprέʃən]	n. 대공황
0434	**grin** [grin]	n. 커다란 미소 v. 크게 미소짓다
0435	**grind** [graind]	v. 갈다, 가루로 만들다
0436	**grocery** [gróusəri]	n. 식료 잡화점, 식료품
0437	**grumpy** [grʌ́mpi]	adj. 언짢은, 심술이 난
0438	**guideline** [gáidlàin]	n. 지침, 가이드라인
0439	**hands-on** [hǽndzɑn]	adj. 실제의, 손으로 하는
0440	**handy** [hǽndi]	adj. 편리한, 바로 옆에 있는, 손재주 있는 adv. 편리하게, 곁에
0441	**happen** [hǽpən]	v. 일어나다, 우연히 마주치다

0442	**harbinger** [há:rbindʒər]	n. 조짐, 전조 v. 미리 알리다
0443	**hardship** [há:rdʃip]	n. 고난, 어려움
0444	**harm** [ha:rm]	n. 해, 피해, 손해 v. 해치다, 훼손하다
0445	**harshly** [há:rʃli]	adv. 가혹하게, 매몰차게
0446	**hay** [hei]	n. 건초
0447	**helpless** [hélpləs]	adj. 무력한, 어찌할 수 없는, 도움 없는
0448	**heritage** [héritidʒ]	n. 유산, 전통
0449	**hide** [haid]	n. 은신처, 가죽 v. 숨다, 감추다
0450	**hierarchy** [háiərà:rki]	n. 계급(제), 계층 구조
0451	**historian** [histɔ́:riən]	n. 역사가, 역사학자
0452	**hold** [hould]	n. 쥐기, 영향력 v. 잡다, 유지하다, 견디다
0453	**honorary** [ánərèri]	adj. 명예의, 명예직의
0454	**hostile** [hástl]	adj. 적의, 적대적인
0455	**however** [hauévər]	adv. 그러나
0456	**humble** [hʌ́mbl]	adj. 겸손한, 변변찮은
0457	**humid** [hjú:mid]	adj. 습한
0458	**humiliating** [hju:mílièitiŋ]	adj. 굴욕적인, 면목 없는

0459	**husband** [hʌ́zbənd]	n. 남편 v. 절약하다
0460	**hydrogen** [háidrədʒən]	n. 수소
0461	**hypocritical** [hìpəkrítikəl]	adj. 위선적인
0462	**hypothesis** [haipáθəsis]	n. 가설, 가정, 전제
0463	**ideology** [àidiálədʒi]	n. 이데올로기, 이념, 사상
0464	**ignition** [igníʃən]	n. 점화, 연소, 점화 장치
0465	**ignorance** [ígnərəns]	n. 무지, 무식
0466	**illegal** [ilíːgəl]	adj. 불법적인
0467	**illogical** [iládʒikəl]	adj. 비논리적인, 터무니없는
0468	**illusion** [ilúːʒən]	n. 환상, 착각, 오해
0469	**illustrate** [íləstrèit]	v. (예시를 들어) 설명하다, 삽화를 넣다
0470	**imitation** [ìmətéiʃən]	n. 모방, 모조품 adj. 모조의, 인조의
0471	**impairment** [impέərmənt]	n. (신체적·정신적) 장애
0472	**impatience** [impéiʃəns]	n. 성급함, 참을 수 없음
0473	**imperfect** [impə́ːrfikt]	adj. 불완전한, 결점이 있는
0474	**implication** [ìmplikéiʃən]	n. 영향, 결과, 함축, 암시, 연루
0475	**impress** [imprés]	v. 깊은 인상을 주다
0476	**impressed** [imprést]	adj. 감명 받는
0477	**impressive** [imprésiv]	adj. 인상적인
0478	**improper** [imprάpər]	adj. 부적절한, 부도덕한
0479	**improve** [imprúːv]	v. 향상시키다, 개선하다
0480	**impulse** [ímpʌls]	n. 충동
0481	**in charge of**	~을 담당하는, 책임지는
0482	**in light of**	~에 비추어
0483	**in particular**	특히
0484	**in person**	직접
0485	**include** [inklúːd]	v. 포함하다, 에워싸다
0486	**inconceivable** [ìnkənsíːvəbl]	adj. 상상할 수도 없는, 터무니없는
0487	**incredibly** [inkrédəbli]	adv. 믿을 수 없을 만큼, 대단히
0488	**incur** [inkə́ːr]	v. (손실을) 초래하다
0489	**independence** [ìndipéndəns]	n. 독립(심), 자립(심)
0490	**indicator** [índikèitər]	n. 지표, 표준, 시도, (신호)표시기
0491	**indifferent** [indífərənt]	adj. 무관심한, 중요치 않은
0492	**individual** [ìndəvídʒuəl]	n. 개인, 개체 adj. 개인의
0493	**induce** [indjúːs]	v. 유도하다, 설득하다
0494	**industrialize** [indʌ́striəlàiz]	v. 산업화하다

0495	**ineffective** [ìniféktiv]	adj. 효과가 없는
0496	**infamous** [ínfəməs]	adj. 악명 높은
0497	**infant** [ínfənt]	n. 유아, 젖먹이 adj. 유아의, 초기의
0498	**infer** [infə́:r]	v. 추론하다, 짐작하다, 암시하다
0499	**inferiority** [infiərió:rəti]	n. 열등
0500	**influence** [ínfluəns]	n. 영향(력), 영향을 주는 사람(사물) v. 영향을 주다
0501	**inhabit** [inhǽbit]	v. 살다, 서식하다
0502	**inherent** [inhíərənt]	adj. 고유의, 타고난
0503	**injustice** [indʒʌ́stis]	n. 불법, 불공정, 권리 침해, 부당한 일
0504	**inkling** [íŋkliŋ]	n. 어렴풋이 알고 있음, 암시
0505	**inland** [ínlænd]	n. 내륙 adj. 오지의, 국내의 adv. 내륙에
0506	**insinuate** [insínjuèit]	v. (불쾌한 일을) 암시 하다
0507	**inspiring** [inspáiəriŋ]	adj. 고무하는, 영감을 주는
0508	**installation** [ìnstəléiʃən]	n. 설치, 장치, 전시
0509	**instance** [ínstəns]	n. 사례, 경우 v. 보기로 들다, 예증하다
0510	**instead** [instéd]	adv. 대신에
0511	**instrument** [ínstrəmənt]	n. 기계, 계기, 악기, 수단 v. 기계를 설치하다
0512	**integrate** [íntəgrèit]	통합하다, 합치다
0513	**intellect** [íntəlèkt]	n. 지성, 이해력, 지식인
0514	**intend** [inténd]	v. 의도하다, 하려고 하다
0515	**interact** [íntərækt]	v. 상호 작용을 하다, 교류하다
0516	**interchange** [ìntərtʃéindʒ]	n. 교환 v. 교환하다, 교체하다
0517	**interestingly** [íntərəstiŋli]	adv. 흥미롭게, 재미있게
0518	**interference** [ìntərfíərəns]	n. 간섭, 방해, 참견
0519	**interlude** [íntərlùːd]	n. 사이, 막간
0520	**intermediate** [ìntərmíːdiət]	n. 중급자 adj. 중급의, 중간의
0521	**international** [ìntərnǽʃənəl]	adj. 국제적인, 국가간의
0522	**interrogation** [intèrəgéiʃən]	n. 질문, 심문
0523	**intolerance** [intálərəns]	n. 편협성, 참을 수 없음
0524	**intoxicating** [intáksikèitiŋ]	adj. 취하게 하는
0525	**intrinsic** [intrínzik]	adj. 본질적인, 고유의
0526	**introduction** [ìntrədʌ́kʃən]	n. 도입, 소개, 서문
0527	**introvert** [íntrəvə̀ːrt]	n. 내성적인 사람 adj. 내향적인

0528	**intrusion** [intrúːʒən]	n. 강요, 침입, 침해
0529	**intuition** [ìntjuːíʃən]	n. 직관력, 직감
0530	**invasion** [invéiʒən]	n. 침공, 내습, 침해
0531	**invert** [invə́ːrt]	v. 뒤집다, 도치시키다
0532	**invisible** [invízəbl]	adj. 보이지 않는
0533	**invoice** [ínvɔis]	n. 청구서, 송장 v. 송장을 작성하다
0534	**involve** [inválv]	v. 포함하다, 수반하다, 관련시키다
0535	**irrational** [irǽʃənl]	adj. 비이성적인
0536	**irregular** [irégjulər]	adj. 불규칙적인
0537	**irrelevant** [iréləvənt]	adj. 무관한, 엉뚱한
0538	**irresponsible** [ìrispánsəbl]	adj. 무책임한
0539	**irreversible** [ìrivə́ːrsəbl]	adj. 되돌릴 수 없는
0540	**irritate** [írətèit]	v. 짜증나게 하다, 거슬리다
0541	**isolation** [àisəléiʃən]	n. 고립, 분리, 격리
0542	**item** [áitəm]	n. 품목, 물품 v. 항목별로 쓰다
0543	**justifiable** [dʒʌ́stəfàiəbl]	adj. 정당한
0544	**juvenile** [dʒúːvənl] [dʒúːvənàil]	n.청소년 adj. 청소년의
0545	**latitude** [lǽtətjùːd]	n. 위도, (위도상의) 지대
0546	**launch** [lɔːntʃ]	n. 개시, 출시(행사) v. 시작하다, 출시하다, 발사하다
0547	**law** [lɔː]	n. 법, 법률
0548	**lead** [liːd]	n. 선도, 지휘, 모범 v. 안내하다, 이끌고 가다 adj. 앞서가는, 주요 기사의
0549	**league** [liːg]	n. 리그, 연맹
0550	**lean** [liːn]	adj. 호리호리한, 수확이 적은 v. 기울다, 기대다
0551	**let** [let]	n. 빌려주기, 임대 v. ~하게 해 주다, 되게 하다, 놓아두다
0552	**librarian** [laibréəriən]	n. 사서, 도서관원
0553	**lift** [lift]	n. 들어올림, 승강기 v. 들어올리다, 올라가다
0554	**limit** [límit]	n. 한계(선), 구역 v. 한정하다, 제한하다
0555	**linger** [líŋgər]	v. 남아 있다, 오래 머물다, 좀처럼 사라지지 않다
0556	**link A with B**	A와 B를 연결하다
0557	**literacy** [lítərəsi]	n. 읽고 쓰는 능력, (특정 분야에 관한) 지식
0558	**literature** [lítərətʃər]	n. 문학, 저술, 문헌
0559	**livestock** [láivstak]	n. 가축

0560	**local** [lóukl]	n. 현지인 adj. 지역의	
0561	**located in**	~에 위치한	
0562	**logically** [ládʒikəli]	adv. 논리적으로, 논리상	
0563	**loyalist** [lɔ́iəlist]	n. 충신, 영국지지파	
0564	**madam** [mǽdəm]	n. (호칭)부인, 아내	
0565	**made up of**	~로 구성된	
0566	**maintain** [meintéin]	v. 유지하다	
0567	**majesty** [mǽdʒəsti]	n. 위엄, 폐하, 왕권	
0568	**make out of**	~로 만들다	
0569	**make the effort to**	~하려고 노력하다	
0570	**malign** [məláin]	adj. 해로운 v. 비방하다	
0571	**mammal** [mǽməl]	n. 포유류	
0572	**manage to**	(어려운 일을) 해내다	
0573	**mandatory** [mǽndətɔ̀:ri]	adj. 법에 정해진, 의무적인	
0574	**manufacturer** [mæ̀njufǽktʃərər]	n. 제조자, 생산 회사	
0575	**many** [méni]	n. 많은 사람들 adj. 많은	
0576	**march** [ma:rtʃ]	n. 행진 v. 행진하다	
0577	**mass communication** [mæs kəmjù:nəkéiʃən]	n. 대중 매체	

0578	**massive** [mǽsiv]	adj. 거대한, 크고 무거운
0579	**match** [mætʃ]	n. 시합, 짝, 성냥 v. 어울리다, 대등하다
0580	**materialism** [mətíəriəlìzm]	adj. 물질주의, 유물론
0581	**maximize** [mǽksəmàiz]	v. 극대화하다
0582	**means** [mi:nz]	n. 수단
0583	**mechanism** [mékənìzm]	n. 기계 장치, 매커니즘, 체계
0584	**medical** [médikəl]	adj. 의학의
0585	**medication** [mèdəkéiʃən]	n. 약물, 약물 치료
0586	**medicinal** [mədísənl]	adj. 약의, 약효가 있는
0587	**medieval** [mèdií:vəl]	adj. 중세의
0588	**mediocrity** [mì:diákrəti]	n. 평범, 보통, 평범한 사람
0589	**melt** [melt]	v. 녹다, 녹이다
0590	**memorable** [mémərəbl]	adj. 기억할 만한, 인상적인
0591	**mention** [ménʃən]	v. 간단히 말하다, 언급하다 n. 언급, 진술
0592	**merciful** [mɔ́:rsifəl]	adj. 자비로운
0593	**merciless** [mɔ́:rsiləs]	adj. 무자비한, 잔인한
0594	**merge** [mə:rdʒ]	v. 합병하다, 융합하다

0595	**military** [mílitèri]	*n.* 군대 *adj.* 군사의, 무력의	
0596	**mimic** [mímik]	*v.* 흉내내다	
0597	**mingle** [míŋgl]	*v.* 섞(이)다, 어울리다	
0598	**miniature** [míniətʃur]	*n.* 축소 모형, 세밀화 *adj.* 소형의, 축소된	
0599	**mishap** [míshæp]	*n.* 작은 사고, 불상사	
0600	**misunderstand** [mìsʌndərstǽnd]	*v.* 오해하다, 진가를 못 알아보다	
0601	**modeling** [mádəliŋ]	*n.* 모형 제작, 모델링	
0602	**moderately** [mádərətli]	*adv.* 중간 정도로, 적정하게	
0603	**modulation** [màdʒuléiʃən]	*n.* 조절, 조정	
0604	**molecule** [máləkjùːl]	*n.* 분자	
0605	**monetary** [mánətèri]	*adj.* 통화의, 금전상의	
0606	**monopoly** [mənápəli]	*n.* 독점, 전유물	
0607	**morale** [mərǽl]	*n.* 사기, 의욕	
0608	**mortality** [mɔːrtǽləti]	*n.* 죽음을 면할 수 없는 운명, 인간, 사망(률)	
0609	**mosquito** [məskíːtou]	*n.* 모기	
0610	**motion** [móuʃən]	*n.* 운동, 움직임, 동작 *v.* (~에게) 몸짓으로 신호하다	
0611	**motivate** [móutəvèit]	*v.* 동기를 부여하다, 자극하다	
0612	**movement** [múːvmənt]	*n.* 운동, 동작, 행동	
0613	**mud** [mʌd]	*n.* 진흙, 시시한 것 *v.* 흙투성이로 하다	
0614	**municipal** [mjuːnísəpəl]	*adj.* 지자체의, 지방 자치의, 시의	
0615	**municipality** [mjuːnìsəpǽləti]	*n.* 지방 자치단체(시, 읍 등)	
0616	**mustache** [mʌ́stæʃ]	*n.* 콧수염	
0617	**mutation** [mjuːtéiʃən]	*n.* 돌연변이, 변화	
0618	**mutual** [mjúːtʃuəl]	*adj.* 상호의	
0619	**mystery** [místəri]	*n.* 신비(한 것), 미스터리	
0620	**mythical** [míθikəl]	*adj.* 신화 속에 나오는, 사실이 아닌	
0621	**nausea** [nɔ́ːziə]	*n.* 메스꺼움, 혐오, 구역질	
0622	**nearsighted** [níərsàitid]	*adj.* 근시의, 근시안적인	
0623	**negligible** [néɡlidʒəbl]	*adj.* 무시해도 좋은, 대수롭지 않은	
0624	**negotiate** [niɡóuʃièit]	*v.* 협상하다, 성사시키다	
0625	**neighbor** [néibər]	*n.* 이웃, 주변 사람 *v.* 이웃하다, 인접하다 *adj.* 이웃의	
0626	**neighborhood** [néibərhùd]	*n.* 근처, 이웃 사람들, 주민, 지역	
0627	**neurological** [njùərəládʒikəl]	*adj.* 신경의, 신경학의	
0628	**nonetheless** [nʌ̀nðəlés]	*adv.* 그렇기는 하지만, 그렇더라도	

0629	**normal** [nɔ́ːrməl]	*n.* 표준, 평균, 정상 *adj.* 표준의, 보통의
0630	**notorious** [noutɔ́ːriəs]	*adj.* 악명 높은
0631	**nuisance** [nú:sns]	*n.* 성가심, 골칫거리, 방해
0632	**numerous** [nú:mərəs]	*adj.* 수많은, 다수의
0633	**obesity** [oubíːsəti]	*n.* 비만
0634	**obligation** [àbləɡéiʃən]	*n.* 의무, 책임, 약정
0635	**observant** [əbzɔ́ːrvənt]	*n.* 준수자, 엄수자 *adj.* 관찰력 있는, 엄수하는
0636	**observer** [əbzɔ́ːrvər]	*n.* 관찰자, 관측자
0637	**obsession** [əbséʃən]	*n.* 강박 관념, 망상
0638	**obvious** [ábviəs]	*adj.* 명백한, 뻔한
0639	**occasionally** [əkéiʒənəli]	*adv.* 때때로, 가끔
0640	**occupy** [ákjupai]	*v.* 차지하다, 점령하다
0641	**occur** [əkɔ́ːr]	*v.* 일어나다, 발생하다
0642	**offspring** [ɔ́fspriŋ]	*n.* 자식, 새끼
0643	**on and off**	안팎에서, 오락가락
0644	**once** [wʌns]	*adv.* 한 번, 한때 *conj.* ~하자마자, ~할 때
0645	**online** [ɔ́nlàin]	*adj.* 온라인의 *adv.* 온라인으로

0646	**onset** [á:nset]	*n.* 시작
0647	**optimism** [áptəmìzm]	*n.* 낙관론, 낙관주의
0648	**option** [ápʃən]	*n.* 선택(권), 옵션
0649	**orbital** [ɔ́ːrbitl]	*adj.* 궤도의
0650	**ordered** [ɔ́ːrdərd]	*adj.* 정돈된, 질서정연한
0651	**orientation** [ɔ̀ːriəntéiʃən]	*n.* 방향, 지향, 오리엔테이션
0652	**out of**	~의 안에서 밖으로, ~의 범위 밖에
0653	**outbreak** [áutbrèik]	*n.* 발생, 발발
0654	**outcome** [áutkʌ̀m]	*n.* 결과, 성과
0655	**outset** [áutset]	*n.* 착수, 시초, 처음
0656	**outspoken** [àutspóukən]	*adj.* 거침없이 말하는, 노골적인
0657	**outweigh** [autwéi]	*v.* ~보다 더 크다, 대단하다
0658	**overcast** [óuvərkæst]	*v.* 구름으로 덮다, 흐리게 하다 *adj.* 구름이 뒤덮인, 흐린
0659	**overflow** *n.* [óuvərflòu] *v.* [òuvərflóu]	*n.* 범람, 과다 *v.* 넘치다, 가득 차다, 범람시키다
0660	**ownership** [óunərʃip]	*n.* 소유, 소유권
0661	**parade** [pəréid]	*n.* 퍼레이드, 행진 *v.* 열지어 행진하다

0662	**parallel** [pǽrəlèl]	*n.* 평행하는 것, 필적하는 것 *v.* 유사하다, 평행하다 *adj.* 평행의, 서로 같은 *adv.* 평행하여
0663	**paralyze** [pǽrəlàiz]	*v.* 마비시키다, 무력하게 만들다
0664	**paramount** [pǽrəmàunt]	*adj.* 무엇보다 중요한, 최고의
0665	**participate** [pɑːrtísəpèit]	*v.* 참가하다, 참여하다
0666	**partly** [pɑ́ːrtli]	*adv.* 부분적으로, 어느 정도는
0667	**part-time** [pàːrt táim]	*adj.* 파트타임의, 비상근의 *adv.* 파트타임으로, 비상근으로
0668	**pass** [pæs]	*v.* 지나가다, 통과시키다, 합격하다
0669	**passage** [pǽsidʒ]	*n.* 한 구절, 통과, 통로 *v.* 통과하다
0670	**passionate** [pǽʃənət]	*adj.* 격정적인, 열정적인
0671	**patch** [pætʃ]	*n.* 패치, 조각, 작은 밭(땅) *v.* 덧대다
0672	**patiently** [péiʃəntli]	*adv.* 끈기 있게, 참을성 있게
0673	**pause** [pɔːz]	*n.* 멈춤, 중단 *v.* 잠시 멈추다, 정지시키다
0674	**paw** [pɔː]	*n.* 발, 손 *v.* 앞발로 긁다, 서투르게 다루다
0675	**pedestrian** [pədéstriən]	*n.* 보행자
0676	**peek** [piːk]	*v.* 엿보다

0677	**peninsula** [pənínsələ]	*n.* 반도
0678	**perceptive** [pərséptiv]	*adj.* 지각의, 통찰력이 있는
0679	**perform** [pərfɔ́ːrm]	*v.* 공연하다
0680	**perpetually** [pərpétʃuəli]	*adv.* 영속적으로, 끊임없이
0681	**perseverance** [pə̀ːrsəvíərəns]	*n.* 인내, 끈기
0682	**persistence** [pərsístəns]	*n.* 고집, 버팀, 끈기
0683	**personally** [pɔ́ːrsənəli]	*adv.* 개인적으로, 직접
0684	**personnel** [pə̀ːrsənél]	*n.* 직원, 인사과
0685	**perspective** [pərspéktiv]	*n.* 원근법, 전망, 관점, 시각 *adj.* 원근법에 의한
0686	**persuasion** [pərswéiʒən]	*n.* 설득, 신념
0687	**pharmacy** [fɑ́ːrməsi]	*n.* 약학, 약국
0688	**phase** [feiz]	*n.* 양상, 단계, 주기 *v.* 단계적으로 실행하다
0689	**physical** [fízikəl]	*adj.* 신체의, 물질의, 물리적인
0690	**physiological** [fìziəládʒikəl]	*adj.* 생리학의, 생리적인
0691	**pinpoint** [pínpɔint]	*n.* 핀 끝, 조금 *v.* (위치, 시간, 원인을) 정확히 찾아내다, 집어내다 *adj.* 핀 끝만한, 정확한

0692	**pitch** [pitʃ]	*n.* 던지기, 음조(음의 높 낮이) *v.* 던지다, 조정하다
0693	**place an order**	주문하다
0694	**planet** [plǽnit]	*n.* 행성
0695	**platform** [plǽtfɔːrm]	*n.* 대, 연단, 승강장 *v.* 올려놓다, 연설하다
0696	**plausible** [plɔ́ːzəbl]	*adj.* 그럴듯한
0697	**play a key role**	중요한 역할을 하다
0698	**plot** [plat]	*n.* 음모, 줄거리 *v.* 몰래 꾸미다, 줄거리를 짜다
0699	**podium** [póudiəm]	*n.* 연단, 지휘대
0700	**pool** [puːl]	*n.* 웅덩이 *v.* 모으다
0701	**position** [pəzíʃən]	*n.* 위치, 자세, 입장 *v.* 두다, 배치하다
0702	**possible** [pásəbl]	*adj.* 가능한, 일어날 법한
0703	**practitioner** [præktíʃənər]	*n.* 전문직 종사자(의사, 변호사 등)
0704	**precaution** [prikɔ́ːʃən]	*n.* 예방책, 피임, 경계, 조심
0705	**precedent** [présədənt]	*n.* 전례 *adj.* 이전의, 앞의
0706	**precious** [préʃəs]	*adj.* 귀중한, 값비싼
0707	**precisely** [prisáisli]	*adv.* 정확히
0708	**predictive** [pridíktiv]	*adj.* 예측의, 전조가 되는
0709	**preferably** [préfərəbli]	*adv.* 더 좋아하여, 가급적
0710	**prejudice** [prédʒudis]	*n.* 편견, 선입관
0711	**prelude** [préljuːd]	*n.* 서곡, 전주곡
0712	**present** *n. adj.* [préznt] *v.* [prizént]	*n.* 선물, 현재 *v.* 주다, 제출하다 *adj.* 출석한, 현재의
0713	**presentation** [prèzəntéiʃən]	*n.* 증정, 발표, 제출
0714	**preservation** [prèzərvéiʃən]	*n.* 보존 (상태), 보호, 저장
0715	**prevalent** [prévələnt]	*adj.* 널리 퍼진, 유행하는, 우세한
0716	**preventable** [privéntəbl]	*adj.* 예방할 수 있는
0717	**previously** [príːviəsli]	*adv.* 이전에, 미리, 사전에
0718	**primarily** [praimérəli]	*adv.* 첫째로, 본래, 주로
0719	**priority** [praiɔ́ːrəti]	*n.* 우선사항, 우선권
0720	**prisoner** [prízənər]	*n.* 죄수, 포로, 재소자
0721	**privilege** [prívəlidʒ]	*n.* 특혜, 특권, 영광
0722	**procedure** [prəsíːdʒər]	*n.* 순서, 진행, 절차
0723	**process** [práses]	*n.* 과정, 진행 *v.* 가공하다, 처리하다
0724	**product** [prádʌkt]	*n.* 제품, 생산물
0725	**progressive** [prəgrésiv]	*adj.* 점진적인, 진보하는

0726	**prominent** [prámənənt]	adj. 중요한, 눈에 잘 띄는
0727	**promising** [prámisiŋ]	adj. 유망한, 촉망되는
0728	**pronoun** [próunàun]	n. 대명사
0729	**pronunciation** [prənÀnsiéiʃən]	n. 발음, 발음법
0730	**prop** [prap]	n. 버팀목, 소도구 v. 받치다, 기대어 놓다
0731	**propagate** [prápəgèit]	v. 선전하다, 번식하다
0732	**protein** [próuti:n]	n. 단백질
0733	**provide** [prəváid]	v. 제공하다
0734	**proximity** [praksíməti]	n. 근접, 접근
0735	**pyramid** [pírəmìd]	n. 피라미드
0736	**qualification** [kwàləfikéiʃən]	n. 자격, 자격증
0737	**radically** [rǽdikli]	adv. 철저히, 근본적으로
0738	**radius** [réidiəs]	n. 반경, 반지름
0739	**raised** [reizd]	adj. 높인, 올려진, 양각의
0740	**rally** [rǽli]	n. 집결, 집회 v. 집결하다
0741	**rank** [ræŋk]	n. 지위, 계급, 등급, 열 adj. 악취가 나는 v. 등급을 매기다, 정렬시키다
0742	**rather** [rǽðər]	adv. 오히려, 차라리
0743	**readily** [rédəli]	adv. 선뜻, 손쉽게, 즉시
0744	**realism** [rí:əlìzm]	n. 현실주의, 현실성, 사실주의
0745	**reasonable** [rí:zənəbl]	adj. 논리적인, 적당한, 비싸지 않은
0746	**reasoning** [rí:zniŋ]	n. 추리, 추론, 논거, 논증
0747	**recall** [rí:kɔ:l]	n. 기억, 소환, 회수 v. 기억해 내다, 소환하다, 회수하다
0748	**receive** [risí:v]	v. 받다
0749	**recommendation** [rèkəmendéiʃən]	n. 추천, 권고, 추천장
0750	**recreational** [rèkriéiʃənl]	adj. 레크리에이션의, 휴양의, 오락의
0751	**reduce** [ridú:s]	v. 줄(이)다, 낮추다, 약하게 하다
0752	**refuse** [rifjú:z]	v. 거절하다, 거부되다
0753	**regarding** [rigá:rdiŋ]	prep. ~에 관하여
0754	**related to**	~와 연관된
0755	**relative** [rélətiv]	n. 친척 adj. 상대적인, 관련된
0756	**religion** [rilídʒən]	n. 종교, 신앙(심), 신조, 주의
0757	**reluctant** [rilÁktənt]	adj. 마지못한, 마음 내키지 않는
0758	**reminiscent** [rèmənísnt]	adj. 연상시키는, 추억에 잠긴 듯한

0759	**remorse** [rimɔ́ːrs]	*n.* 후회, 양심의 가책, 연민
0760	**renewable** [rinúːəbl]	*adj.* 재생 가능한, 갱신 가능한
0761	**renowned** [rináund]	*adj.* 유명한, 명성 있는
0762	**repeat** [ripíːt]	*n.* 되풀이, 반복되는 것 *v.* 반복하다, 재생하다
0763	**replaceable** [ripléisəbl]	*adj.* 대체 할 수 있는
0764	**replicate** [répləkèit]	*v.* 복제하다
0765	**reputation** [rèpjutéiʃən]	*n.* 평판, 명성
0766	**requirement** [rikwáiərmənt]	*n.* 필요, 요건
0767	**residency** [rézədənsi]	*n.* 거주, 체류 허가
0768	**resident** [rézədnt]	*n.* 주민
0769	**resilience** [rizíljəns]	*n.* 회복력, 탄성
0770	**resourceful** [risɔ́ːrsfəl]	*adj.* 지략이 풍부한, 자원이 풍부한
0771	**resources** [ríːsɔːrsis]	*n.* 자원(보통 복수형으로 사용)
0772	**respect** [rispékt]	*n.* 존경, 존중 *v.* 존경하다, 소중히 여기다
0773	**response** [rispáns]	*n.* 응답, 반응, 대응
0774	**restless** [réstləs]	*adj.* 쉼 없는, 안절부절 못하는
0775	**restriction** [ristríkʃən]	*n.* 제한, 구속, 규정
0776	**restructure** [rìːstrʌ́ktʃər]	*v.* 재건하다, 개혁하다 *n.* 재건, 개혁
0777	**result in**	~로 끝나다, ~을 초래하다
0778	**retain** [ritéin]	*v.* 계속 유지하다, 보유하다, 함유하다
0779	**retake an exam**	추가 시험을 치르다
0780	**retrace** [ritréis]	*v.* 되돌아가다, 추적하다
0781	**retrieve** [ritríːv]	*v.* 되찾아오다, 검색하다, 수습하다
0782	**revise** [riváiz]	*v.* 변경하다, 개정하다, 복습하다
0783	**revival** [riváivəl]	*n.* 회복, 부활, 재유행
0784	**rewarding** [riwɔ́ːrdiŋ]	*adj.* 보람 있는, 가치 있는
0785	**rhyme** [raim]	*n.* 운, 압운 *v.* 운이 맞다, 운을 맞추다
0786	**rightly** [ráitli]	*adv.* 정확히, 바르게, 마땅히
0787	**ripe** [raip]	*v.* 익(히)다, 숙성하다 *adj.* 익은, 숙성한
0788	**rosy** [róuzi]	*adj.* 장밋빛의, 희망적인
0789	**rotary** [róutəri]	*n.* 회전 기계, 로터리 *adj.* 회전하는, 회전식의
0790	**rotten** [rátn]	*adj.* 썩은
0791	**roughly** [rʌ́fli]	*adv.* 대략, 험하게, 꺼칠꺼칠하게
0792	**royal** [rɔ́iəl]	*n.* 왕족 *adj.* 국왕의, 왕립의, 당당한

0793	**rumor** [rú:mər]	*n.* 소문 *v.* 소문내다	
0794	**runway** [ránwèi]	*n.* 활주로, 통로	
0795	**sacred** [séikrid]	*adj.* 신성한, 종교적인	
0796	**saga** [sá:gə]	*n.* (북유럽) 전설, 무용담, 영웅담, 대하 소설	
0797	**scan** [skæn]	*n.* 스캔, 감식 *v.* 살피다	
0798	**scarcity** [skéərsəti]	*n.* 부족, 드묾	
0799	**scenery** [sí:nəri]	*n.* 경치, 풍경, 배경	
0800	**scent** [sent]	*n.* 좋은 냄새, 향기 *v.* 냄새를 맡다, 냄새가 나다, 감지하다	
0801	**scholar** [skálər]	*n.* 학자, 학식이 있는 사람	
0802	**scholarship** [skálərʃip]	*n.* 장학금	
0803	**screen** [skri:n]	*n.* 화면 *v.* 차단하다, 심사하다, 상영되다	
0804	**screening** [skrí:niŋ]	*n.* 심사, 상영 *adj.* 심사하는	
0805	**scruffy** [skrʌ́fi]	*adj.* 단정치 못한, 꾀죄죄한, 초라한	
0806	**seafood** [sífud]	*n.* 해산물	
0807	**secretary** [sékrətèri]	*n.* 비서, 총무, 장관, 비서관	
0808	**sector** [séktər]	*n.* 부문, 부채꼴, 영역 *v.* 부채꼴로 분할하다	

0809	**sedentary** [sédntèri]	*adj.* 앉아 있는, 좌식의	
0810	**seed** [si:d]	*n.* 씨앗 *v.* 씨를 뿌리다, 씨앗을 맺다	
0811	**sensation** [senséiʃən]	*n.* 감각, 느낌, 센세이션(흥분을 주는 사람, 사물, 이야기)	
0812	**sentence** [séntəns]	*n.* 문장, 판결, 형벌 *v.* 선고하다, 판결하다	
0813	**serene** [sərí:n]	*adj.* 고요한, 평화로운, 조용한	
0814	**serenity** [sərénəti]	*n.* 고요함, 평온	
0815	**service** [sə́:rvis]	*n.* 봉사, 서비스, 공헌, 공공사업 *v.* 도움을 제공하다 *adj.* 서비스의	
0816	**set up**	구축하다, 세우다	
0817	**settler** [sétlər]	*n.* 정착민	
0818	**shell** [ʃel]	*n.* 조가비, 껍질 *v.* 껍데기를 벗기다	
0819	**shift** [ʃift]	*n.* 변화, 이동, 교체 *v.* 바꾸(꿔)다, 이동시키다	
0820	**shine** [ʃain]	*v.* 빛나다, 비추다, 광을 내다	
0821	**shovel** [ʃʌ́vəl]	*n.* 삽 *v.* 삽질하다	
0822	**shower** [ʃáuər]	*n.* 소나기, 샤워 *v.* 소나기가 오다, 퍼붓다	
0823	**sign a contract**	계약서에 서명하다, 계약을 맺다	

0824	**significantly** [signífikəntli]	*adv.* 상당히, 크게, 의미심장하게
0825	**silverware** [sílvərwɛər]	*n.* 은식기류
0826	**simulate** [símjuleit]	*v.* 흉내내다, 가장하다, 모의실험하다
0827	**simultaneously** [sàiməltéiniəsli]	*adv.* 동시에
0828	**situation** [sìtʃuéiʃən]	*n.* 위치, 입장, 상태
0829	**skeptical** [sképtikəl]	*adj.* 의심 많은, 회의적인
0830	**skill** [skil]	*n.* 솜씨, 숙련, 능력
0831	**skip** [skip]	*n.* 가볍게 뜀 *v.* 건너뛰다
0832	**slam** [slæm]	*v.* 쾅 닫다, 내던지다
0833	**snap at**	~에게 쏘아붙이다
0834	**sober** [sóubər]	*v.* 술을 깨게 하다, 술이 깨다, 침착하게 하다 *adj.* 술 취하지 않은, 참착한
0835	**solid** [sálid]	*n.* 고체, 입체 *adj.* 단단한, 고체의, 견고한
0836	**solution** [səlúːʃən]	*n.* 해결, 녹음, 용액
0837	**sophisticated** [səfístəkèitid]	*adj.* 세련된, 정교한
0838	**specialized** [spéʃəlàizd]	*adj.* 전문의, 분화된
0839	**specific** [spəsífik]	*adj.* 명확한, 구체적인, 특유한

0840	**specify** [spésəfài]	*v.* 명시하다, 조건으로서 지정하다
0841	**spectacular** [spektǽkjulər]	*adj.* 장관의, 멋진
0842	**spectator** [spékteitər]	*n.* 관중, 구경꾼
0843	**spending** [spéndiŋ]	*n.* 지출, 소비
0844	**spike** [spaik]	*n.* 못 같이 뾰족한 것, 급등 *v.* 급등하다, 못을 박다, 찌르다
0845	**splendid** [spléndid]	*adj.* 훌륭한, 아주 인상적인
0846	**sporting** [spɔ́ːrtiŋ]	*adj.* 스포츠의
0847	**spouse** [spaus]	*n.* 배우자
0848	**spray** [sprei]	*n.* 물보라, 분무기 *v.* 물보라를 일으키다, 뿌리다
0849	**squander** [skwándər]	*n.* 낭비 *v.* 낭비하다, 탕진하다
0850	**squeaky** [skwíːki]	*adj.* 끼익/찍찍 소리가 나는, 삐걱거리는
0851	**stability** [stəbíləti]	*n.* 안정, 확고, 부동(성)
0852	**standard** [stǽndərd]	*n.* 표준, 기준 *adj.* 표준의
0853	**standing** [stǽndiŋ]	*n.* 신분, 지속(기간), 기립 *adj.* 서 있는, 고정적인, 상설의
0854	**stare** [stɛər]	*v.* 응시하다, 빤히 쳐다보다

0855	**state** [steit]	n. 상태, 신분, 국가, 주 v. 분명히 말하다, 명시하다 adj. 국가의, 주의
0856	**status** [stéitəs]	n. 신분, 지위, 상태
0857	**steel** [sti:l]	n. 강철, 견고함 v. 강철을 입히다, 단단하게 하다 adj. 강철로 된, 단단한, 무감각한
0858	**stereotype** [stériətàip]	n. 고정 관념 v. 정형화하다
0859	**stern** [stə:rn]	adj. 엄격한, 단호한, 가혹한
0860	**stipend** [stáipend]	n. 봉급, 수당
0861	**stretch** [stretʃ]	n. 길게 뻗은 지역(구간), 스트레칭 v. 늘이다, 스트레칭하다
0862	**strive** [straiv]	v. 노력하다, 싸우다, 경쟁하다
0863	**stroll** [stroul]	n. 이리저리 거닐기, 산책 v. 거닐다, 산책하다
0864	**stroller** [stróulər]	n. 유모차, 산책하는 사람
0865	**struggle** [strʌ́gl]	n. 발버둥, 노력, 투쟁 v. 분투하다, 애쓰다
0866	**stubbornness** [stʌ́bərnnəs]	n. 완고함, 고집
0867	**stuff** [stʌf]	n. 물질, 재료, 음식물 v. 채우다, 메우다
0868	**stunning** [stʌ́niŋ]	adj. 굉장히 아름다운, 깜짝 놀랄
0869	**subordinate** n. adj. [səbɔ́:rdənət] v. [səbɔ́:rdənèit]	n. 부하, 하급자 adj. 종속된, 부차적인 v. 경시하다
0870	**subsequently** [sʌ́bsikwəntli]	adv. 그 후에, 다음에, 그 결과로서
0871	**suburban** [səbɔ́:rbən]	adj. 교외의
0872	**sudden** [sʌ́dn]	adj. 갑작스러운
0873	**suffering** [sʌ́fəriŋ]	n. 고통, 괴로움
0874	**sufficiently** [səfíʃəntli]	adv. 충분히
0875	**suggestion** [səgdʒéstʃən]	n. 제안, 암시, 연상
0876	**suitable** [sú:təbl]	adj. 적합한, 어울리는, 알맞은
0877	**superior** [supíəriər]	n. 윗사람, 선배, 상급자 adj. 더 우수한, 상관의
0878	**supernova** [sù:pərnóuvə]	n. 초신성
0879	**supervision** [sù:pərvíʒən]	n. 감독, 관리
0880	**supply** [səplái]	n. 공급 v. 공급하다
0881	**support** [səpɔ́:rt]	n. 지원 v. 지원하다
0882	**supportive** [səpɔ́:rtiv]	adj. 지탱하는, 지지하는
0883	**surely** [ʃúərli]	adv. 확실히
0884	**surgery** [sɔ́:rdʒəri]	n. 수술, 외과
0885	**surplus** [sɔ́:rplʌs]	n. 나머지, 과잉 adj. 여분의, 과잉의

0886	**survival** [sərváivəl]	*n.* 생존 *adj.* 살아남기 위한
0887	**suspension** [səspénʃən]	*n.* 매달기, 정학, 정지, 보류
0888	**sustenance** [sʌ́stənəns]	*n.* 자양물, 생명 유지
0889	**swiftly** [swíftli]	*adv.* 신속히, 즉시
0890	**swine** [swain]	*n.* 돼지
0891	**symbol** [símbəl]	*n.* 상징, 기호, 부호 *v.* 상징하다
0892	**symptom** [símptəm]	*n.* 증상, 징후
0893	**synonymous** [sinánəməs]	*adj.* 동의어의, 같은 뜻의
0894	**take a risk**	*v.* 위험을 감수하다
0895	**talent** [tǽlənt]	*n.* 재능, 재능 있는 사람, 탤런트
0896	**task** [tæsk]	*n.* 직무, 과업, 업무
0897	**temperate** [témpərət]	*adj.* 온화한, 차분한
0898	**temperature** [témpərətʃər]	*n.* 온도, 체온
0899	**tenable** [ténəbl]	*adj.* 지지할 수 있는, 유지되는
0900	**territory** [térətɔːri]	*n.* 영토, 지역, 세력권
0901	**terror** [térər]	*n.* 테러, 공포
0902	**tertiary** [tə́ːrʃieri]	*adj.* 제3의

0903	**theory** [θíːəri]	*n.* 이론, 가설
0904	**therapy** [θérəpi]	*n.* 치료, 요법
0905	**thereafter** [ðɛərǽftər]	*adv.* 그 후에, 그에 따라
0906	**thermometer** [θərmáːmitər]	*n.* 온도계, 체온계
0907	**though** [ðou]	*conj.* ~이지만, 비록 ~일지라도 *adv.* 그러나, 그렇지만
0908	**thoughtless** [θɔ́ːtləs]	*adj.* 생각 없는, 부주의한
0909	**threshold** [θréʃhould]	*n.* 문지방, 기준치, 한계점
0910	**throat** [θrout]	*n.* 목구멍, 목
0911	**through** [θruː]	*prep.* ~을 통과한, 시종, 샅샅이
0912	**throughout** [θruːáut]	*adv.* 도처에, 처음부터 끝까지, 전부 *prep.* ~의 도처에, ~동안
0913	**tiresome** [táiərsəm]	*adj.* 귀찮은, 성가신, 지루한
0914	**toddler** [tádlər]	*n.* 걸음마를 배우는 아이
0915	**token** [tóukən]	*n.* 증거, 표시, 상징, 대용화폐(토큰)
0916	**totality** [toutǽləti]	*n.* 전체
0917	**touched** [tʌtʃt]	*adj.* 감동한
0918	**toughness** [tʌ́fnəs]	*n.* 강인함, 질김

0919	**tournament** [túərnəmənt]	n. 토너먼트, 시합

0920	**tractor** [trǽktər]	n. 트랙터, 견인 자동차, 끄는 사람(것)

0921	**trade** [treid]	n. 무역, 상업, 거래 adj. 상업의, 무역의 v. 장사하다, 거래하다

0922	**trail** [treil]	n. 자국, 코스, 둘레길 v. 끌다, 느릿느릿 걷다, 추적하다

0923	**trait** [treit]	n. 특성, 인상

0924	**tram** [træm]	n. 트램, 전차

0925	**transition** [trænzíʃən]	n. 전이, 변화

0926	**transitive** [trǽnsətiv]	adj. 전이의, 옮아가는, 타동사의

0927	**trap** [træp]	n. 함정, 덫 v. 덫을 놓다, 함정에 빠뜨리다

0928	**travel** [trǽvəl]	n. 여행, 이동, 교통(량) v. 여행하다, 이동하다

0929	**treatment** [trí:tmənt]	n. 취급(방법), 대우, 치료

0930	**tremendously** [triméndəsli]	adv. 엄청나게

0931	**trend** [trend]	n. 경향, 추세, 유행

0932	**tribe** [traib]	n. 부족

0933	**trousers** [tráuzərz]	n. 바지

0934	**trustworthy** [trʌ́stwə̀rði]	adj. 신뢰할 수 있는, 든든한

0935	**tuition fees** [tju:íʃən fi:z]	n. 수업료, 등록금

0936	**tunnel** [tʌ́nl]	n. 터널, 지하 수로 v. 터널을 파다

0937	**tutor** [tjú:tər]	n. 가정교사, 보호자 v. 개인 수업(레슨)을 하다

0938	**twist** [twist]	n. 꼰 실, 비틀림, 반전 v. 꼬다, 꼬이다

0939	**typically** [típikəli]	adj. 보통, 전형적으로, 늘 그렇듯이

0940	**unanswerable** [ənǽnsərəbəl]	adj. 대답할 수 없는, 반박할 수 없는

0941	**undeniable** [əndináiəbəl]	adj. 부인할 수 없는

0942	**undermine** [əndərmáin]	v. (자신감, 권위, 기반을) 약화시키다

0943	**undertake** [ʌ́ndərtèik]	v. 착수하다, 약속하다

0944	**undue** [əndú]	adj. 지나친, 부당한, 부적당한

0945	**unfortunately** [ənfɔ́rtʃənətli]	adv. 불행하게도, 유감스럽게도

0946	**union** [jú:njən]	n. 결합, 연합, 노동조합, 동맹

0947	**unlikely** [ʌnláikli]	adj. ~할 것 같지 않은

0948	**unnecessarily** [ʌnnésəsèrəli]	adv. 불필요하게, 쓸데없이

0949	**unproductive** [ʌnprədʌ́ktiv]	adj. 비생산적인

0950	**unreasonably** [ʌnrízənəbli]	adv. 비이성적으로, 불합리하게

0951	**unscrupulous** [ʌ̀nskrupjóləs]	adj. 사악한, 부도덕한

0952	**unsustainable** [Ànsəstéinəbl]	adj. 지속할 수 없는
0953	**unwise** [Ànwáiz]	adj. 지각없는, 현명하지 못한
0954	**uphill** [Àphíl]	n. 오르막길 adj. 오르막의 adv. 오르막길로, 언덕 위로
0955	**uphold** [Àphóuld]	v. 받들다, 지지하다, 지키다
0956	**upstream** [Àpstrím]	n. 상류 부문 adj. 흐름을 거슬러 오르는, 상류의 adv. 상류로, 강을 거슬러 올라가서
0957	**upward** [Ápwərd]	adj. 위쪽을 향한 adv. 위쪽으로
0958	**usually** [júːʒuəli] [júːʒwəli]	adv. 보통, 늘, 일반적으로
0959	**vacant** [véikənt]	adj. 비어 있는
0960	**vaccinate** [væksənèit]	v. 예방 접종을 하다
0961	**valid** [vælid]	adj. 근거가 확실한, 유효한
0962	**validity** [vəlídəti]	n. 유효함, 타당성
0963	**valuable** [væljuəbl]	n. 귀중품 adj. 금선적 가치가 있는, 귀중한, 매우 유용한
0964	**vanity** [vænəti]	n. 허영심, 자만심, 헛됨
0965	**various** [véəriəs]	adj. 가지각색의, 다양한

0966	**vary** [véəri]	v. 바꾸다, 다르다, 바뀌다
0967	**vehicle** [víːikl]	n. 차량, 탈것, 수단
0968	**velocity** [vəlásəti]	n. 속도, 속력
0969	**vend** [vend]	v. 팔다, 행상하다
0970	**vent** [vent]	n. 구멍, 통풍구 v. (감정 등을) 터뜨리다, 분출하다
0971	**versatile** [vəːrsətl]	adj. 다재다능한, 다용도의
0972	**vicinity** [visínəti]	n. 인근, 주변
0973	**view** [vjuː]	n. 견해, 관점, 시각 v. 보다
0974	**vintage** [víntidʒ]	n. 빈티지(과거 특정 시기 유행한 제품 또는 사람) adj. 빈티지(과거에 전형적이거나 유서 있는)
0975	**violate** [váiəlèit]	v. 위반하다, 모독하다, 침해하다
0976	**virtual** [vəːrtʃuəl]	adj. 사실상의, 가상의
0977	**vitally** [váitəli]	adv. 치명적으로, 대단히
0978	**volume** [váljuːm]	n. 책, 부피, 음량
0979	**voluntary** [váləntèri]	adj. 자발적인, 자원 봉사로 하는
0980	**voter** [vóutər]	n. 투표자, 유권자

0981	**vulnerable** [válnərəbl]	adj. 취약한, 연약한
0982	**wall** [wɔːl]	n. 벽 v. 벽으로 둘러싸다
0983	**wallet** [wálit]	n. 지갑, 서류 가방
0984	**warmth** [wɔːrmθ]	n. 온기, 따뜻함
0985	**warranty** [wɔ́ːrənti]	n. 품질 보증서, 근거
0986	**wastebasket** [wéistbæskit]	n. 휴지통
0987	**waterfall** [wɔ́ːtərfɔl]	n. 폭포, 낙수, 쇄도
0988	**wealth** [welθ]	n. 부, 풍부
0989	**webcam** [wébkæm]	n. 웹캠
0990	**well-dressed** [wél drèst]	adj. 잘 차려입은
0991	**when it comes to WW~**	~에 관해서라면
0992	**whereas** [wɛəræz]	conj. ~에 반하여, ~지만
0993	**wholly** [hóulli]	adv. 완전히, 오로지, 전체적으로
0994	**widespread** [wáidspred]	adj. 널리 퍼진, 광범위한
0995	**wilderness** [wíldərnəs]	n. 황야, 황무지
0996	**willingness** [wíliŋnəs]	n. 기꺼이 하는 마음
0997	**witness** [wítnəs]	n. 목격자, 증인(증거물) v. 목격하다, 입증하다, 증언하다
0998	**work out** [wɔ́ːrk àut]	v. 운동하다, (일이) 잘 풀리다, 계산하다
0999	**workshop** [wɔ́rkʃap]	n. 작업장, 일터, 연수회
1000	**zebra** [zíːbrə]	n. 얼룩말

듀오링고 **베스트셀러 1위** 교재 포함

duolingo english test
시원스쿨 듀오링고

응시료

0원반

* 성적표 제출 및 후기 작성 시 환급, 제세공과금 제외

• benefit 01 •
100%
시험만 봐도
응시료 100% 환급

• benefit 02 •
All
전문 도서, 강의,
핵심 자료 포함

• benefit 03 •
1:1
질문 게시판 운영
1:1 밀착 관리

수강생들의 찐 **후기**

2주만에 105점 달성했어요!
수강생 송*원님

이론 수업부터 실전 수업까지 수강했는데,
이론에서 문제 유형별로 어떻게 접근해야 하는지를
자세히 배우고 실전에서 여러 꿀팁을 많이 알았어요!
시험 볼 때 제니 선생님 템플릿도 큰 도움 됐습니다.

Speaking과 Writing 대만족 합니다.
수강생 저*패님

원어민 수준으로 말하거나 쓸 수 있는 게 아니라면 시험에 맞는
나름의 양식을 맞춰줄 필요가 있는데, 바로 그 부분에서 많은
도움을 받았어요! 정해진 시간에 가장 깔끔히 채점자가 원하는
정보를 보기 편하게 정리하는 요령을 체득할 수 있었습니다.

제니 쌤과 시원스쿨 분들 복 받으세요.
수강생 이*진님

생긴 지 얼마 안된 시험이라 엄두를 못냈었는데, 시원스쿨 강의를
발견하고 주저 없이 들었습니다. '문제 자료를 이만큼이나 준다고?'
할 정도로 많았고, 선생님이 빡센 토플 강의 경력이 있어서 그런지
정말 꼼꼼하고 세심하게 가르쳐주셨습니다.

유일하게 제대로된 자료와 수업
수강생 박*원님

자료와 수업을 찾기 위해 여러 사이트를 봤지만 제대로 된 자료와
수업 내용을 찾아볼 수 없었어요. 그러던 중 시원스쿨에서 자세하고
탄탄한 수업과 자료를 보고 사막의 오아시스를 만난 것 같았어요
듀오링고 준비하려면 시원스쿨 필수라 생각합니다.